医学科研设计

钟南山 主编

中山大学出版社

·广州·

版权所有　翻印必究

图书在版编目(CIP)数据

医学科研设计/钟南山主编.—广州:中山大学出版社,2000.7
ISBN 978-7-306-01666-9

Ⅰ.医…　Ⅱ.钟…　Ⅲ.医学－论文－写作　Ⅳ.H152.3

中国版本图书馆(CIP)数据核字(2000)第 30381 号

中山大学出版社出版发行
(地址:广州市新港西路135号　邮编:510275
电话:020－84111998、84037215)
广东新华发行集团股份有限公司经销
江门市新教彩印有限公司
850 毫米×1168 毫米　32 开本　8 印张　200 千字
2000 年 7 月第 1 版　2022 年 1 月第 16 次印刷
定价:25.00 元
如发现因印装质量问题影响阅读,请与承印厂联系调换

《医学科研设计》编委会

主　　编：钟南山
副 主 编：曾广仁　龙大宏　王心旺　吕嘉春
编　　委：钟南山　曾广仁　陈耀勇　龙大宏
　　　　　王心旺　吕嘉春　蒋义国　燕启江
责任编辑：曾育林
责任校对：刘叔伦

编写说明

本书是几位教师在为广州医学院研究生班开设"科研设计"课程及为本科生开设"医学科研设计"选修课课程的基础上编写而成的。参加编写的同志参阅了许多医学界前辈和学者出版的有关文献，并直接引用了一些经典性论述和例子，谨此特向这些文献的作者们致谢。本书由各位编写者先写出初稿后交几位副主编讨论阅改，最后由主编充实、定稿。本书力求突出以下两个特色：第一是新颖性，本书既吸取同类书籍的优秀成果，又具有切合时代发展的创新内容；第二是实用性，即突出研究生、本科生及住院医师在医学科研中所需要的科研设计知识。本书可作为医学院校研究生、本科生和住院医师培训的教材。

限于编者的学识水平，本书一定存在不少缺点和不足，恳请读者批评指正。

主编 钟南山
2000 年 1 月

目　　录

第一章　绪论 …………………………………………………（1）
　第一节　医学科研设计的学科性质 ……………………（1）
　第二节　医学研究与科学方法 …………………………（10）

第二章　医学科研设计的内容及原则 …………………（15）
　第一节　医学科研设计的目的和意义 …………………（15）
　第二节　医学科研设计的主要内容 ……………………（16）
　第三节　医学科研设计的一般原则 ……………………（27）
　第四节　医学科研设计中样本含量的确定 ……………（33）
　第五节　医学科研设计方案 ……………………………（49）

第三章　医学科研设计中的量化分析方法 ……………（61）
　第一节　数理统计方法 …………………………………（61）
　第二节　其他量化分析方法 ……………………………（71）

第四章　医学研究中的误差及其控制 …………………（76）
　第一节　误差的种类 ……………………………………（76）
　第二节　误差的测量及其表示方法 ……………………（77）
　第三节　系统误差 ………………………………………（81）
　第四节　随机误差 ………………………………………（89）
　第五节　离群值的发现 …………………………………（89）
　第六节　有效数字及其运算规则 ………………………（92）

第七节 实验研究的质量控制 …………………………… (96)
第八节 调查研究中的偏倚及其控制…………………… (106)

第五章 诊断试验设计………………………………………… (114)

第一节 病例组与对照组的选择………………………… (115)
第二节 诊断试验的常用指标…………………………… (116)
第三节 提高临床诊断效率……………………………… (131)

第六章 临床试验设计………………………………………… (135)

第一节 临床试验设计的意义…………………………… (135)
第二节 临床试验设计的特点…………………………… (136)
第三节 临床试验设计的基本内容……………………… (140)
第四节 临床试验常用的设计方案……………………… (145)

附：1975 年在东京召开的世界医学大会所通过的
  赫尔辛基宣言……………………………………………… (150)

第七章 专题性医学研究设计………………………………… (154)

第一节 医学研究设计的主要类型……………………… (154)
第二节 普查与抽样调查的方法………………………… (178)
第三节 医学研究设计实例……………………………… (186)

第八章 Internet 信息资源在医学科研设计中的应用 …… (192)

第一节 Internet 及其在医学中的应用概况 ………… (192)
第二节 Internet 上的医学信息资源 ………………… (193)
第三节 在科研设计中如何有效利用网络资源………… (204)
第四节 课题设计中利用网络资源实例………………… (221)

第九章 医学科研计划书及论文的格式与写法…………(226)

  第一节 医学科研计划书的格式与书写……………(226)

  第二节 医学科研论文的格式与书写……………(231)

参考文献………………………………………………(243)

后记……………………………………………………(245)

第一章 绪 论

科学研究,在学术界已经成为一个广泛使用的词语,它是社会文明进步的标志之一。在特定的学科和专业,专家和学者们都在致力于进行各种各样的科学研究工作。科学研究已经深入到我们工作的各个领域。在实验室,在图书馆,在 Internet 信息网络,在我们所从事的各种实际工作中,都会找到科学研究的身影。科学研究对社会进步又是一种极其伟大的推动力量,科学研究使一切社会财富从无到有,使各种科学幻想成为现实。社会生活许多领域的进步都应归功于科学研究。科学研究预示着由落后到先进的不断创新过程。

第一节 医学科研设计的学科性质

一、医学科研设计既是世界观,又是方法论

医学科研设计是运用科学的、专业的和艺术的思维方法对医学所研究的问题进行决策、规划的过程。医学科研设计本身既是世界观,又是方法论。医学科研设计要从物质第一性、意识第二性,存在决定意识,以及事物的发展观、环境观、内因决定外因观等唯物主义世界观来指导科研设计的全过程。医学科研设计从定性分析到定量分析,从差异比较到误差控制,从静态研究到动态研究,从现场研究到实验研究,无不渗透着多学科的思维方法。一个好的研究设计只有集多种相关学科的有效方法之大成,

才能达到预期的研究目的。

二、医学科研设计的研究对象

医学科研设计的研究对象是设计中所涉及的问题、变量、假设、研究方法等。医学科研对象的复杂性决定了不可能用一种典型的科研设计方案来作为各种研究的公用设计。由于每一种研究都有其唯一的问题和条件,所以尽管不同的研究项目之间存在着许多相似之处,但要使一种特定的研究项目获得成功,现实中并没有任何一种可以直接拿来照搬套用的科研设计方案。医学科研设计作为一项复杂的活动,在其形成和实施过程中需要仔细地计划、管理和执行。

(一) 问题

为了谋划好研究设计方案,首先就要选择好所研究的问题。选择好合适的问题就等于提出了好问题。也就是说,在所研究的领域,问题是至关重要的。选择研究问题是一个需要研究者从专业的角度对所研究的问题进行文献查新和全面了解之后,通过对比、论证、咨询以及与同行探讨才能确定下来的渐进过程。同时,对所研究的问题还需要不断地修改和再确定。有时研究的问题会因研究者思路的改变或研究条件的许可而被拓宽,有时也会因研究者受到理论启迪或实践影响而使所研究的问题大大精炼。总之,研究问题的选择涉及文献查新、对比、论证、咨询和构思等活动。它是一个与问题相关的因素被考虑时不断迫近问题的渐进过程。

研究问题的选择程序如下:

```
                    ┌ 理论上：进一步完善原始意念
                    │              ↓
原始意念 → 文献查新 ┤          形成假说 → 正式选题
                    │              ↑
                    └ 实践上：经过预备实验
```

(二) 变量

对研究问题的陈述可以尽量简单明了，研究者在确定研究问题的同时，还要确定与所研究的问题相关联的常量、变量和操作性定义。常量是一个研究中所有个体都具有的特征或条件，变量是不同的个体具有不同价值或条件的特征。操作性定义则是一种规定，它使被确定的需要定义的变量和条件的操作或特征具体化。例如，一个临床医生要研究一种药物对同一批病人的治疗效果，那么药物对于这一批病人来说是相同的影响条件，即为常量，这批病人的疗效则可能互不相同，即为变量，而对于病人治疗效果的划定标准则需要从专业上给出具体的操作性定义。

(三) 假设

在提出研究问题之后，就要设法像证明数学命题那样去论证这一研究问题。研究者首先应将所研究的问题转化成一种假设（或称命题）。假设是对问题的结果、两个或多个变量之间的关系或某些现象的性质所作的推测或提议。一般地说，假设具有理论的某些特征，它通常被认为是关于某一现象的各种理论概括。一个理论可能包括多个假设。对假设进行检查的结果有两种，即接受假设或拒绝假设。美国学者伯格（Borg）和高尔（Gall）认为假设应具备4条标准：①说明两个或两个以上变量间的期望关系；②研究者应有该假设是否值得检验的明确的理由，这一理由应有专业理论或研究事实作为依据；③假设应是可检验的；④假设应尽可能简洁明了。美国学者克林格（Kerlinger）于1989年撰文指出，从广义上讲，研究者所使用的假设有两种：实质性假设和统计假设。实质性假设也叫研究假设，它提示了研究结果的方向；统计假设用于资料的分析，它是推断性统计，是关于总体测量研究中一个或多个参数的描述。在统计学中，统计假设又分单侧假设和双侧假设，相应的统计检验又分为单侧检验和双侧检验。

可用下图来确定研究问题各组成部分之间的关系。

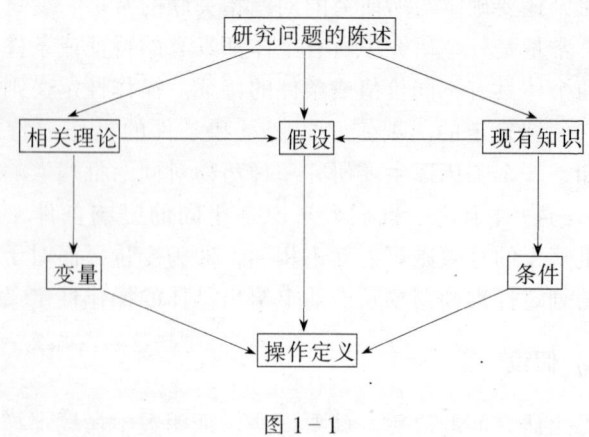

图1-1

设计好对假设的验证方法即是研究设计的中心内容。

（四）研究方法

验证假设有两种最基本的方法：一种是定性研究，另一种是定量研究。

定性研究是以整体的观点来分析现象，是从现象到本质的渐进认识过程。在采用定性分析来验证假设时，研究者是采用形式逻辑的判断方法，以研究对象所表现出的现象作为建立假设的前提，通过理性分析这些现象来验证假设和推导出研究结论。对整体的把握是定性研究的关键所在。研究者所观察到的任何复杂现象都不应被分解成几个因素或独立的几个部分来孤立地进行分析。在从假设推导出结论的过程中，研究者还应力求避免被事物的假象所迷惑，避免将发生在原因之后的现象都推论成事物的必然结果。

定量研究是从事物的量变来把握事物的质变的研究方法。由于定量研究方法是在定性研究方法的基础上形成的，因而从定性分析进入到定量分析就是在认识上的一个飞跃。在科学史上，定量研究被称为是一种以严格的、科学的实证评价和科学的方法为特征的哲学流派。与定性研究相比，定量研究的研究设计更倾向于结构化和规范性。定量研究的结果通常是由大量的数据来表示的，研究设计是为了使研究者通过对这些数据的比较和分析而作出有效的解释。

定量研究设计的基本任务是：①提供研究问题的答案。②解释和控制差异。研究设计应该是有效的，这包括它能够解释结果，并且通过这些结果来回答或揭示研究的问题。研究设计也应该是可控的，即研究者应能够对研究对象所表现的数据差异给出专业上的恰当解释，并可以采取有效措施对差异进行人为控制。控制差异的方法一般有四种，即：①随机化；②设计中建立一些条件或因素作为自变量；③保持条件或因素的不变；④统计调节。

良好的研究设计应该具备以下4个基本特征：

（1）排除偏见。即研究设计应能提供没有偏见的资料。研究中所出现的任何差异都应归因于研究中的自变量。

（2）避免混淆。即研究设计应能减少变量的混淆或使这种混淆处于最小程度。

（3）控制无关变量。尽管无关变量在研究设计中不是最主要的变量,但它们也许会对因变量发生作用。控制无关变量是为了能够辨别、平衡、减少它们的影响。

(4) 统计的精确性。定量研究需要对研究数据进行充分的统计分析,并对假设进行统计检验。从统计学来说,精确性随着随机性的增大或误差的减少而提高。研究设计应该为检验研究过程中的所有假设提供资料。

医学科学研究大多采用定量研究方法。研究者一般是在设立对照和随机化抽样的前提下,通过实验观察或调查收集来自研究对象的各种数据,并利用统计学方法分析这些数据后从医学专业上作出研究结论。如研究肺气虚与肺功能变化的规律,假设是肺气虚的肺功能变化较小,肺肾两虚的肺功能变化较大。研究时可将观察对象分为三组:第一组为健康人(对照人群),第二组为肺气虚组(为慢性阻塞性肺疾患病人),第三组为肺肾两虚组(也是慢性阻塞性肺疾患病人)。对三组对象进行肺功能测定,观察指标是肺活量、最大通气量、每秒肺活量、中期流速、气道阻力、残气等。将收集来的资料进行统计分析,检验三组间的差异是否显著,若差异显著,则提示假说成立。中医以"肺气失宣"、"肺气壅滞"、"肾不纳气"来定性描述肺部的病理生理变化;西医则通过测定肺功能来对肺部的病理变化作出定量描述。对这一研究问题的定量研究设计可作出"肺气虚者肺功能变化较小,肺肾两虚者肺功能有明显变化"的专业性结论。

三、医学科研设计的研究范围

(一) 研究策略的选择

研究策略的选择是研究设计的核心,也是研究者必须作出的唯一最重要的决定。

研究策略包括确定研究变量、变量的衡量标准以及变量之间的相互联系。例如，验证假设时，研究者若能把自变量或暴露变量配置给若干研究对象，而不给其他研究对象（对照），并通过控制各种外部变量或混杂变量，干预验证假设，这便是实验性研究。若研究者选择有无暴露的人群进行比较，分析发现的结果，判断疾病是否与暴露有关，这便是分析性研究。分析性研究方法虽有很多种类，但都含假设验证。若研究者可能只是简单地描述现象的分布或某规划的结果，而没有干预和先期假设，这就是描述性研究。

策略的选择，无论是描述性、分析性、实验性、操作性的，还是这些方法的综合运用，将取决于不同的考虑。研究的特殊类型如下：

（1）描述性策略。如研究健康和疾病随着时间、空间而改变的模式，疾病登记与监测报告；疾病的自然史研究等。

（2）观察分析性策略。如前瞻性研究、历史性定群研究、回顾性研究、分析性研究、随访研究等。

（3）试验性策略。如动物实验、临床治疗试验、临床预防试验、现场实验等。

（4）操作性策略。如时间动向研究。

（二）研究场所的选择

研究场所包括研究的所有方面，如研究的人群、地点、时间和伦理道德问题等。

（三）研究设计

1. 抽样

抽样是选择研究人群的方法。要考虑不同的研究所需的样本量及所需样本是否恰当。在采用实验方法时，如可行，应考虑设立对照组。实验组和对照组除了正在研究的因素外,其他条件应尽量相同。因此,必须制定测试实验组和对照组均衡性的计划。

2．资料收集

为尽量减少混杂、延误及偏倚的可能性,在研究设计中应包括资料收集方面的计划,项目书中应包括研究方法和研究设计预试验。测量的真实度和可靠度也应给予充分的考虑。

3．分析和解释

分析计划也是研究设计整体中的一个组成部分,因为它们可以防止研究人员直至研究结束时才发现有些必需的资料尚未收集,或有些资料不能包括在分析中,或有些资料未以一种适于统计分析的形式加以收集。

4．研究报告

应该提出以科研论文或专题报告的形式扩散研究结果的初步计划,在这些计划中应强调将研究结果分送到同行和有关专家手里。

（四）研究的计划与管理

1．研究的规划

研究作为一项复杂的活动,在其形成和实施过程中需要仔细地计划、管理和执行。在科研经费短缺的情况下,精心制定研究计划、规定明确的和实际可达到的目的变得越来越必要。

制定研究规划所必须的几个基本步骤包括：

第一步：确定研究单位的作用和研究范围。

第二步：确定研究单位的能力和资源,包括人员、设施、设备、供应、时间和预算,以及便于查阅的研究资料。

第三步：选定研究题目,可考虑下列因素：

（1）问题的重要性及其影响；

（2）问题须待解决的迫切性；

(3) 与资助机构目标的相关性;
(4) 问题的可调查性;
(5) 方法的可行性;
(6) 成功的机会;
(7) 成功以后的预期影响;
(8) 在人员培训和其他研究能力方面有无增强实力的附带利益。

第四步：制定项目计划，作为执行、监测和评价研究的指导文件。

第五步：建立职责明确的行政管理机构。分为指导、监督、咨询和协调，每个都有明确的任务说明。

第六步：制定一份日程表，安排研究成果的整理、报告和论文发表。

2．研究的实施

研究是按下述各步骤进行的：提出问题、制定研究计划（研究设计）以及在一策略网络中执行各项工作，通过达到一些特定的目的来解决各种问题。

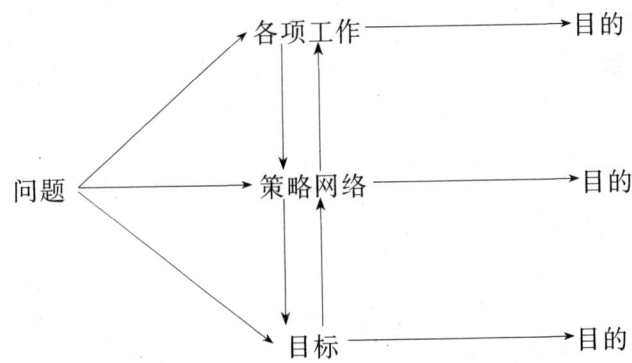

在这个框架中，课题设计的各项要素必须融合在一起：
(1) 问题的定义、需求、背景、理由;

(2) 目标制定、形成假设、检验假设;
(3) 方法设计、研究设计、各种策略路线、方法与材料;
(4) 人群设计、目标人群、研究人群;
(5) 各种测量的具体规定、收集方法、精密度、准确度、可靠性;
(6) 结果的分析与解释。

3. 研究人员

要使研究成功,研究人员必须具备以下素质:
(1) 探究新事物的冒险精神;
(2) 坚韧不拔和耐性;
(3) 对自己和对科学方法的价值的忠诚;
(4) 具有分析的头脑和批判性的思维能力;
(5) 在科研工作中能听取批评;
(6) 虚心、坦率,能看到意外发现的意义;
(7) 客观性。

科学研究是人类最富有挑战性的事业。现在研究的途径和方法已更精确、有效,探索未知的技术随手可得。科学研究的成功取决于那些受科学原则约束的研究人员个人和集体的才能,如处理次序、推理和概率等方面的才能,这些都体现和包括在扎实的研究设计和方法学中。

第二节 医学研究与科学方法

一、基本定义

医学科学研究是医学工作者通过探索、调查或实验以发现或解释医学新知识的过程。科学方法是应用于旨在获得新知识而进行的调查或试验的各种技术和方法体系，对医学工作者来说，医学科学研究和科学方法可视为发现能增进我们对人类健康和疾病理解的事实或信息的重要探索过程。

二、医学研究的分类

（一）经验性研究和理论性研究

从哲学上讲，研究的方法主要有两种：经验性研究和理论性研究。医学研究大部分属于经验性研究，即基于观察和实践而不是依赖于理论和抽象。例如，流行病学研究就是对所研究的特定人群中某一现象作系统的观察并收集观察所得。虽然在流行病学和其他医学科学中，在研究某种现象时有可能用到数学模型作抽象概括，但若不把人群中实际观察所得同各种理论相比较，就无法对疾病的发生和病因取得预期研究的进展。

医学科学的经验性研究必须涉及定量问题，大部分的定量方法是通过测量如下三个有关的数值来完成的：①变量的测定。②总体参数的估计（率、比、比例等的确定和比较）。③假设的统计学检验，或估计所得结果由于概率所致的程度。

概率对医学研究是绝对重要的，也是研究设计的实质。研究设计为保证其真实性，必须首先考虑和维护并强调概率发生的原则。医学统计学方法就是通过计算调查中所得的概率，并作出恰当的分析和解释。医学统计学作为一种研究手段，可以使医学研究成为经验性的，而不是理论上的抽象概括，使人们通过进一步的观察和试验来肯定所得的结果。

（二）基础研究和应用研究

从研究的功能来看，可以划分为基础研究和应用研究。基础研究通常被看作是一种对知识的探索,并没有规定的实用目标或特定的具体目的;应用研究着重解决具体问题并导向一明确规定的、有具体目的的终点。应用研究常常是由于某种已觉察到的实际需要而产生并谋求对现存问题的解决。对基础研究和应用研究所带给社会的好处和功绩常常有不同看法和争论,有些人认为科学主要依靠社会支持,应该直接解决人类的有关问题;有些人则认为自由地探索科学,才是最富有成效的,并且认为科学中最大的进步都是由纯基础研究带来的。

三、医学研究的科学基础

(一)排序

科学方法在作结论方面不同于一般常识。前者是对实际存在的客体、事件进行有组织的观察的方法,这些客体或事件都是根据它们的共同性质和行为经过分类和排序的,就是这种性质和行为的共同性使人们有可能作出某种预言,若这种预言确有预见性,即可成为规律。

(二)推论和机遇

推论是推动科学研究的动力。从逻辑上来说,它意味着某一陈述或结论的被接受是由于另一项或多项陈述或前提(证据)是正确的。经过仔细的构思,可能都会发展为提出可检验的假设。假设的检验是获得科研结论的基本方法。

在推论的发展中出现了两种绝然不同的推理方法,即演绎法和归纳法。在演绎法中,结论必定在提出前提之后,就像在三段论法(A 是 B,B 是 C,那么 A 也是 C)或代数方程一样;归纳法是从一般到具体,但不考虑偶然因素。

医学研究因为主要是经验性的，几乎都采用归纳推理，其结论并不一定完全产生在前提或证据（事实）之后，只是说，如果前提是真实的，结论才有较大可能是真实的。也就是说，有可能前提是真实的，而结论是错误的，因此，必须充分考虑偶然性的作用。此外，归纳推理是从具体到一般，由个别到由它构成的总体，可以此与演绎推理相区别。

（三）对可能性用概率来量度

研究设计中，在保证真实性方面最重要的条件是从头至尾考虑概率问题。为保证概率的完整性及防止偏倚，研究设计最突出的要素是：有代表性的样本；随机选择试验组，选好对照组；对实验人员和实验对象采用双盲法；用概率统计方法分析来解释结果。

（四）假设

假设是采用归纳法从推理出发经仔细构思而成。医学研究中最有用的工具之一是设立假设，经过检验可以确定最可能的病因。虽然用归纳法尚不能得出肯定的结论或提出确凿的证明，但通过否定目前的假设并以一个更强的假设取而代之，如此一步步逼近真理。

医学研究常常通过检验假设来确定病因或解释疾病在人群中的分布。提出假设的方法包括：

（1）差异法。一种疾病在两种不同情况下的发病明显不同，那么，在一种情况下出现的因素在另一种情况下没有出现，则这种因素的存在或缺少应可能是该疾病的病因（如吸烟者和非吸烟者肺癌发病的差异）。

（2）一致法。如果一种因素的存在与否都与一系列不同场合中某病的出现与否有联系，那么这种因素的存在与否就与该病的发生有关（如甲肝的发生与接触病人、拥挤、卫生条件差有关，这些因素都有利于肝炎病毒的传播）。

（3）伴随变异法或剂量反应效应。如饮食中含碘减少，则地方性甲状腺病增加；放射线暴露增加，则白血病发病率增加；不洁性行为越多，爱滋病的感染机会越大。这些都是伴随变异的具体例子。

（4）相似法。一种疾病或某种结果的分布和频率可能与另一种疾病十分相似，就说明其发病原因相似，如乙肝病毒感染和肝癌。

（五）建立科研结论的条件

通过科学实验获得科学理论，这是科学研究的升华。在医学研究中，经过统计学检验成立的假设还不能成为科学理论，而只能形成一种有待进一步验证的假说。假说要转化为理论需要具备如下基本条件：

（1）假说与客观事实相符。即科学假说运用于实践时，有越来越多的事实与这个假说的内容相符合，没有任何事实与它相矛盾，证明这个假说是客观规律的正确反映，从而转化为理论。

（2）假说所作的预见得到证实。这是假说发展为理论的一个关键性条件。

（3）假说在实际应用中获得成功。即某一假说应用于实践，得到了实践的确证。如巴斯德提出的微生物致病假说广泛应用于实践，巴斯德用消毒法拯救了酿酒业；李斯特发明外科手术消毒法。假说得到实践广泛检验而证实，则转化为理论。

第二章 医学科研设计的内容及原则

第一节 医学科研设计的目的和意义

医学科研设计就是科学研究具体内容方法的设想和计划安排。亦即在科学研究之前，由在学术方面有一定专业水平的人员，对科学研究工作的全面计划和具体方案进行设计和制订。

医学科研设计的目的是要制订出一个通盘的、周密的、安排合理的、科学性强的、良好的设计方案。它是科研开始之前的先导，是科研进行过程中的依据，是实验数据统计处理的前提，是所得结果准确可靠的保证。现代医学强调科研设计、科研的实践和结果的统计处理，三者是密不可分的统一体。

医学科研设计的意义可归纳为以下几点：①增强科研过程中的科学性，将误差控制到最低限度，保证科研结果准确可靠。②保证科研结果能切实回答科研题目所提出来的问题，避免"文不对题"或"跑题"情况的发生。③使科研工作能多快好省地进行，少走弯路，避免不必要的工作或多余的重复工作。④保证实验数据的可统计性。

第二节 医学科研设计的主要内容

一、医学科研题目的确立

医学科研题目的确立包括如下内容：
(1) 题目要明确具体；
(2) 立题要有依据；
(3) 题目的性质要明确；
(4) 要注意科研题目结果的预见性。

二、医学科研构思

医学科研构思是指针对题意或与题意密切相关的假设和设想，构思出解决题意或验证假说和设想的基本思路和方法。医学科研构思的原则是在符合理论的前提下，构思应严密，逻辑上无漏洞，证据要充分，否则所得结果站不住脚。构思的好坏直接影响到科研结果的成败。医学科研构思既无固定公式可套，也无现成路径可循，只能不断从医学科研的实践中、从理论知识的积累中、从好的医学科研构思实例的学习中、从文献资料的涉猎中吸取经验，得到启示和触发灵感。

三、处理因素

(一) 处理因素的性质

从性质上，可把处理因素分为：

(1) 化学的：如药物、激素等；

(2) 物理的：如外伤、温度、缺氧、射线、理疗、外科术式等；

(3) 生物的：如寄生虫、真菌、细菌、病毒等；

(4) 其他：受试对象本身原有的某些特点，如性别、年龄和疾病等也都可以成为处理因素。

(二) 处理因素的数目及水平

传统或习惯的做法是每次实验只观察一个因素的效应，此称为单因素设计。优点是：目标明确，简单易行，条件好控制，结果一目了然；缺点是：如果有多种因素有待试验的话，这种设计每次解决的问题少，研究进度慢。有时，因素虽只有一个，但可有几个"水平"（或等级），所谓水平是指同一因素在量上的不同程度，如观察某药物大、中、小剂量的疗效，则该药是处理因素，大、中、小剂量是三个水平。单因素多水平的实验可以看成是多因素设计。

在一次实验中，同时观察多种因素的效应，称为多因素设计，应采用随机区组、析因和拉丁方等设计方案。

(三) 处理因素的强度

处理因素的强度包括：药物剂量的大小、放射疗法射线的强弱、接种菌量的多少、温度的高低等。此外，受试对象本身的某些特点作为处理因素时，其强度也应考虑，如年龄大小、病情轻重等。但若性别作为处理因素时就无强度之分了。

处理因素的强度应适宜，因为过强可伤害受试对象，过弱则观察不出应有的效应。

(四) 处理因素施加方法的标准化

处理因素的性质、强度及施加方法应通过查阅文献和预备试验找出各自的"最适条件",然后定出有关常规及制度,并应相对固定,在正式实验中尤其不允许轻易变动,这就叫做标准化。其目的是,保证在正式研究过程中,处理因素的各种条件始终保持一致,保证不中途跑题,保证处理因素与试验效应间的因果关系明确,保证科研结论可靠。

四、受试对象

受试对象可以是人、动物或微生物,也可以是取自人或动物体的材料,如器官、组织片和细胞等。受试对象可以是正常的,也可以是有病理改变的。

(一) 受试对象应具备的前提条件

受试对象应具备的前提条件包括:
(1) 对处理因素敏感为最基本的前提;
(2) 对处理因素有一定的特异性;
(3) 对处理因素的反应较稳定;
(4) 病例易积累,动物需便宜易得。

(二) 选择受试对象时需考虑的条件

选择受试对象时需考虑的条件包括:
(1) 受试对象为动物时要考虑:种属、品系、窝别、性别、年龄、体重、健康状况及病理模型类型等。
(2) 受试对象为人时,除种族、地域、性别、年龄等一般条件外,尚需着重考虑社会因素,如职业、爱好、生活习惯、居住条件、经济状况、家庭情况和心理状态等。如为临床研究，则应重点考虑病种、病情、病期和病程等问题。

（3）受试对象为离体器官、组织或细胞时，要考虑采样部位、采取条件、新鲜程度、保存方式及培养条件等。

(三) 受试对象的病理强度

医学科学研究中为了不漏掉有效防治因素，患者或动物病理模型的病情不宜过重，病程不宜太长。一般初筛实验应贯彻轻症原则，如有效，再试用于重症。与处理因素强度问题结合起来看，初筛实验设计应体现防治因素大强度，受试对象轻病情的原则（大剂量防治轻症原则）。

(四) 受试对象的标准化

受试对象的标准化对研究结果有着极为关键的影响。受试对象应根据研究目的而定，设计时应提出确定选择标准的依据或理由。临床研究中，确定受试对象最根本的问题是诊断必须明确可靠，毫不含混。即设计中应制定出明确的疾病诊断标准。病型分期标准或病情轻重、急慢的判定标准也应同时制定好。如受试对象为病理模型动物，应制定出形成病理模型的方法常规、病理强度以及强度的判定标准。

若受试对象是健康者，如研究正常人体的各种常数或生理、生化正常值等时，应订出选择方案，如怎样询问病史以及做哪些检查以除去某些可能有干扰的疾病。

受试对象的标准化，就是要在设计中规定好受试对象的组成、标准、来源及选择方法等，并在研究的全过程中不要轻易变动。

(五) 受试对象的均衡性

受试对象的均衡性是指各受试对象在各方面的一致程度,越一致则均衡性越强,可称为纯化对象,或对象的构成均匀。均衡性强的优点是:因为对象很一致,所以个体差异所致的误差很小;而且研究结论很明确,并易于突出地显示出来。假如受试对象是笼统的贫血患者,既包括巨幼红细胞性贫血,又包括缺铁性贫血,这样一来,不论是叶酸的有效率还是铁剂的有效率都要降低,亦即疗效被掩盖。但需注意,受试对象越均衡集中,研究的结论的适用范围就越窄。

(六) 受试对象的例数

此问题将在本章第四节详细讨论。

五、试验效应

试验效应是通过具体的指标观察、检测出来的,可以把指标看作是鉴定效应的尺度。所以选定指标是科研设计中至关重要的问题。

(一) 指标的性质

指标根据其性质可分为计数指标和计量指标。

(1) 计数指标。凡只能以"是"或"否"回答,并计数"是"、"否"反应各多少例的指标都属于计数指标。如治愈多少,未愈多少;阳性多少,阴性多少等。

(2) 计量指标。凡可以用度、量、衡等仪器测量,且所测值有单位的指标都是计量指标。如血糖、血压、体重、身高、白细胞数等的测量值。

（二）指标的数目

根据研究题目不同，所采用指标的数目可多可少。指标过多，抓不住主要矛盾；指标过少，又会遗漏重要的研究信息。

（三）指标应具备的条件

指标应具备以下条件：

（1）指标的有效性。指选用的指标必须与科研题意有本质上的联系并能确切地反映出处理因素的效应。这是指标应具备的首要条件。可通过查阅文献或理论推导来确定指标的有效性，然而最可靠的方法还是通过预备试验或用标准阳性对照来验证指标的有效性。

（2）指标的客观性。客观指标能客观记录，如心电图、血管造影、超声检查、体重测量、病理切片和大多数化验数据等；而主观指标靠受试者回答和研究人员自己判断，极易受主观因素的影响，如受心理状态（医、患双方）、启发暗示或感官误差的影响，很不确切，科研中应尽量少用，必须采用时，应该用下文介绍的方法弥补其缺点。如果一项科研采用的都是主观指标而又没有什么措施消除主观因素影响的话，则对其结果应持审慎的态度，不能轻易接受其结论。

（3）指标的精确性。指标的测定应有一定的精确度，这样，科研结果的可靠性才有保证。可用重复检测同一样本的办法来验证指标的精确性，数据摆动小者精确性好，否则差。精确性有两层含义，一为指标的正确性，亦即能否如实地反映客观情况；二是指标的精密性，亦即所得数据的精密程度。既正确又精密的指标最好，正确而不精密者其次，精密而不正确或既不正确又不精密者不可取。

（4）指标的灵敏性。提高指标的灵敏性是检出效应微量变化的关键环节，提高的手段主要靠检测方法和仪器的改进。

（5）指标的特异性。特异性高的指标易于揭示出事物的本质，且不易受其他因素的干扰。

（四）如何增加主观指标的客观性

为了消除患者的心理影响，应使患者不了解身处何组，不治疗时用安慰剂等。

为了清除指标判定者的主观因素影响，可采用多人、分别、盲目判定法，也称为交叉判定。例如，先将调线胸片封好，使判定者不知各片属于何人何组，这就是"盲目"；再请有经验的放射科医生数人，这就是"多人"；这些人隔离单独判读，这就是"分别"；最后，综合判断评定结果。

临床常用的"痊愈"、"显效"、"好转"、"无效"一类的等级分析或由好到坏的顺序分析，需要对各个等级或顺序排列定出明确的判定标准及方案，使评定者有章可循，以减少主观因素的影响。

（五）指标的标准化

应事先规定好指标观察的常规，如观察方法、标准、时间、记录法及记录格式等。

六、实验方法

（一）对实验方法的要求

对实验方法有以下要求：
（1）方法应"扣题"；
（2）方法应灵敏可靠；

(3) 应尽量用高、精、尖、新的方法；
(4) 方法不要"单打一"。

(二) 方法的标准化

(1) 指标。检测方法应明确采用哪些具体方法，方法的原理及特点，定出各种方法的操作常规。
(2) 仪器。明确使用仪器的型号、规格，了解仪器的性能及精密度，定出校准、使用及维护常规。
(3) 试剂。提出各试剂的规格要求，制定试剂浓度、配制方法及保存方法和期限的常规。
(4) 实验条件。明确哪些条件必须加以控制（由专业人员决定）。在实验的各方面的全过程中，实验条件力求完全保持一致。
(5) 观察时间。各实验的观察时间因题目的性质而异，少则几分钟，多则几十年，如癌症远期疗效的观察不得少于 5 年。

七、研究步骤及顺序

(一) 一般原则

研究步骤或实验顺序合乎逻辑，由浅入深，由表及里。可归纳为七先七后，即先现象后本质，先事实后机理，先结果后原因，先大致后细节，先粗制品后纯品，先极端量后适量，先轻症后重症。另外，要注意不打无准备之仗。

(二) 一般步骤

科研的一般步骤或程序是：查阅文献及立题→初步设计→预备实验→修改并确定设计→正式实验→数据整理→补充设计及实验→结果统计分析→论文及成果。当然研究步骤不是千篇一律的，因科研性质不同，每步可繁可简，可增可删。

(三) 具体进度

可视研究课题的难度和现有条件来确定研究的具体进度。

八、误差控制

(一) 误差的种类及来源

误差的种类根据其来源可分为：

(1) 抽样误差。在抽样研究中，由总体抽出的样本某些数据不一定与总体数据绝对一样，多次抽取的样本数据之间也不可能都相同，肯定有误差存在，这就叫做抽样误差。抽样误差是事物抽样时的一种普遍规律。

(2) 生物差异所致的误差。生物差异种类多，程度大。如种族差异、地区差异、生理状态差异、健康状况差异等。即使上述条件都一致，还存在着"个体差异"。这些差异都能造成误差。其中种族、地区、性别、年龄等所致的误差可以适当控制；但在医学研究中，经常遇到由不易控制的生物差异所致的误差，主要有个体差异、抽样误差、分配误差、非均匀性误差等。

(3) 实验条件所致的误差。如方法误差、仪器误差、试剂误差、样品误差，其他如季节、时间、温度、动物饲养条件，甚至电源电压以及周围电磁波的干扰等，都可能造成误差。此外还有顺序误差。

(4) 实验者所致误差。如观察者的感官误差、操作误差、过失误差、估计误差等。

(5) 心理影响所致的误差。包括实验对象和实验者两方面来源。

（6）重复误差。

（二）误差的性质

1. 按误差来源分

（1）自然误差。是客观存在的各种误差现象，如抽样误差、生物差异所致的误差。

（2）人为误差。不是自然界必然存在的，是人为造成的，如心理影响所致的误差和过失误差等。

2. 按误差数值的固定程度分

（1）偶然误差。误差的数值变换而不固定，双向发生。

（2）系统误差。误差的数值较固定，方向一致，即单向发生。

3. 按误差控制的难易分

（1）难控制误差。如自然误差或偶然误差。

（2）可控制误差。如人为误差或系统误差。

总之，分清误差性质的目的是：自然误差不能避免，只能设法减少；人为误差应当消除。

（三）误差控制方法

控制误差的方法包括：

（1）严格随机化；

（2）合理设置对照组；

（3）受试对象均衡一致；

（4）尽量选用客观指标；

（5）足够的样本含量；

（6）采用盲法或使用安慰剂。

(四) 误差规律

自然误差的发生是有一定规律的，并且此种规律已被人们所认识。自然误差一般呈正态分布，特点是误差呈双向对称分布；实验数据分布概率近似钟型，中间大，两头小；各种程度出现的概率可以用统计方法估计出来。人为误差一般使有关实验数据单向偏移，故称为偏倚，没有什么明显的规律可循。

九、记录资料的方法

原始记录的可靠性是科研过程的首要原则，必须实事求是，客观地如实记录；应养成记录一次完成，不涂改、不重抄的良好习惯；对关键项目及重要数据应有核对、校算制度。

十、统计处理方法

统计处理方法与指标性质、具体实验设计方案、所需例数及记录格式都有关系。因此，在科研设计时要予以重视。

资料性质不同，计算的统计指标不同，应用的统计方法也不同。例如，计量资料属正态或近似正态分布时，计算均数、标准差、标准误等统计量，比较时用 t 检验、方差分析等；计数资料则计算相对数如频率指标、构成指标等，比较时多用 χ^2 检验等；等级资料用秩和检验或 Ridit 分析等；两变量分析多用直线相关与回归的统计分析方法等。

第三节 医学科研设计的一般原则

一、对照原则

(一) 对照的意义

有无正确的对照直接影响着医学科研成果和论文的质量。无对照、无合理的对照、虚假对照都是医学科研和论文中存在的主要问题,甚至因此而使科研结果前功尽弃,论文毫无价值。因此,必须重视科研设计中的对照。绝大多数的医学研究都需要发现、比较差别。设立对照不仅是比较的基础,也是发现其他非处理因素引起的变化,进而删去这部分变化,显露出处理因素的真实效应的基础。对照的重要意义归纳如下:

(1) 通过对照排除自然变异和非处理因素对观察结果的影响。①排除自然变异的影响。即要通过对照排除人或动物的生命、生理、疾病现象因自然发展的波动以及疾病的自然恢复、好转、加重或死亡的影响。临床上有许多疾病如感冒、气管炎、肺结核、早期高血压等疾病,不经药物治疗也是可以自愈的,至于能够自行缓解的疾病就更为普遍。只有利用对照反应,才能充分澄清和估计出观察结果是属于某些处理因素的作用还是自然发展的结果,有时还要有前后对照和平行空白对照双重对照。②消除非处理因素对观察结果的影响。非处理因素是处理因素以外的其他所有能影响受试对象评价指标的因素。这方面的因素很多,既有实验条件和环境因素,也有受试对象本身的内含条件及实验处理所造成的附加因素的作用等。比如疾病除治疗因素外,气候、营养、休息、精神状态等也对疾病发生影响。只有用对照才能使某些误差以相等或大体相等的程度对实验组和对照组施加影响，将两组结果数据相减，则误差影响就会被"抵消"掉了，别无他法。要做到正确的鉴别，设立对照组是必不可少的。

（2）通过对照取得研究指标数据的差别，鉴定被试因素的作用。如观察一种药物或疗法是否有效或某因素是否对其指标有影响，都要在相互对照中得以解决。解决的方法是科研"对比"方法。不经比较的对照，难以说明处理因素的效果。另外，对比筛选治疗、预防措施，也要用对照方能说明何者为优。对照的其他作用，诸如：①找出综合因素中的主要有效因素；②验证实验方法的可靠性；③修正实验数据；④找出实验的最适条件；⑤分析实验中的问题或差错的原因。

（二）对照要遵守的原则

对照必须遵守以下原则，否则不但对照无效，反而更易造成假象，导致错误的结论。

（1）组间一致的原则。为使组间具有"可比性"，要力求组间除处理因素外，其余各种条件都要一致，这是对照的最基本要求。因此，应注意以下四方面的问题：①观察对象方面：如为病人，组间在性别、年龄、职业、地域、经济条件、健康状况，以及病情性质和轻重程度的组成上都要一致；如为动物，其年龄、性别、体重、窝别、品系、种属等也要一致。②实验条件方面：如病室居住条件、伙食、看护、治疗程度、处理步骤、使用仪器等，组间应一致。③操作或观察者方面：假如由两个人操作或由两个人观察结果，绝不允许一个人专门操作或观察实验组，另一个人操作或观察对照组，而应每人操作或观察每组的一半。④时间方面：为了保证组间一致，实验组和对照组的工作时间应同时平行进行。总之，组间一致的程度越好，则处理因素的效应越能突出地表现出来，因为其他因素的偏差影响被消掉了。当然，也不可能绝对一致，只要在主要因素上做到组间一致也就可以了。

（2）消除心理影响差别的原则。在医学科研中，心理的影响不容忽视，以人为对象时尤为突出。为消除心理影响，就采取使心理影响一致的措施，如安慰剂和盲法的应用。

（3）各组例数相等的原则。医学科研不能忽视对照，对照组的例数不应少于实验组。统计理论表明，当各组的例数相等时，组间合并误差最小，差值的显著性也最高。

（4）自身前后对照要谨慎的原则。只有在被观察的评价指标随时间先后变化稳定且受试对象不受时间性条件因素影响的情况下，才能用自身前后对照。当难以判断实验结果是由时间推移而致还是由实验处理因素所引起时，便不宜采用此种对照。

（5）受试对象的病理强度应适宜。非正常对照的病理变化应较轻，否则药物或方法的效果不易显示出来。

（三）设立对照时易出现的问题

设立对照时易出现的问题有：
（1）必须有对照而未设对照；
（2）对照组例数太少；
（3）前后对照不具备对照的前提；
（4）组间不一致、不完善或不合理的对照；
（5）不充分的对照或不对题的对照；
（6）多余或重叠的对照。

（四）对照常见的类型

（1）空白对照。即对照不施加任何处理因素。如用一种新疫苗预防某种传染病，实验组对一批易感儿童接种这种新疫苗，对照组的一批易感儿童不接种这种疫苗，也不接种其他任何疫苗，实验因素完全是空白的。最后对比两组易感儿童体内血清学指标

(产生抗体的高低)及流行病学指标(发病率的高低)。

(2)实验对照。给对照组施加某种处理因素,但不是所研究的处理因素。如观察甘草糖浆的止咳效果,是甘草、糖单独起作用,还是二者联合起作用。实验组用甘草糖浆,设两个对照组,其中一组用甘草水剂,另一组用糖浆,观察三组的疗效,两个对照组即为实验对照。

(3)标准对照。不设对照组,而是用标准值或正常值做对照。例如,观察某种药物的退烧效果,以正常人的正常体温值为标准。又如,实验组用甲药治疗某病,用以往治疗过同种病的乙药作为标准对照组,但乙药的疗效应是代表当时高水平的,绝不能用较低疗效的药物作对照,否则就人为地提高了实验组的疗效。实验研究一般不用标准对照,因为两组的实验条件不一致,对比效果差。

(4)自身对照。实验和对照在同一受试对象进行。例如观察某种降压药的疗效,用药后病人血压值与用药前血压值作对比。

(5)相互对照。各实验组间相互对照。例如几种药物(新药与旧药)治疗同一种病,对比它们之间的疗效。

(6)历史对照。这种对照是以本人或他人过去研究的结果与这次研究的结果作对照。历史对照最好不采用,因为组间可比性差,只有非处理因素影响较小的少数疾病才可应用。例如一些恶性肿瘤,前人均未对其治愈过,这可用前人资料作为对照。

二、随机化的原则

(一)随机化的目的及意义

随机化就是在抽取样本以前,要使总体中每个单位都有同等的被抽取的机会,进而使样本对总体有较好的代表性,并使其抽样误差的大小可以用统计方法加以估计。在实验与调查研究时，要将受试对象分配成几个组，这时也必须用随机方法，使每个对象都有同等的机会被分配到各组中去，这就不致于人为造成各组间的对象的不齐同。抽样研究和抽样分配只有遵守随机化原则，所得资料才适合统计处理的需要。这是因为一般数理统计的计算方法是在随机化基础上推演出来的。如此看来，随机化目的之一是避免有意无意夸大或缩小组间的差别而给实验结果造成偏性；二是数理统计的各种分析方法都建立在随机化基础上，因而要求在实验设计中采用随机化的方法。随机化是实现均衡齐同的手段之一。

（二）在实验设计中何时应用随机化方法

在下列情况下，实验设计中要应用随机化方法：
（1）实验对象的分组；
（2）施加各组的操作顺序；
（3）凡一切能影响实验结果的非实验因素和条件都要注意随机化，以保证处理组间的均衡性和齐同性，避免偏性。

（三）随机化的方法

随机化的方法有多种，如抽签、摸球、随机数字表等方法。在实验中广泛应用随机数字表进行随机化。随机数字表是随机化的重要工具之一，表内各数字之间相互独立、毫无关系。使用随机数字表可以从任何数字开始，按任何顺序读取，但应注明所选用的随机数字表的出处、开始数字的行数和列数以及读取随机数字的方向。

三、重复的原则

(一) 重复的意义

重复的第一个意思是指重复实验或平行实验；第二个意思是指样本含量大小和重复次数的多少。这里的样本含量是指观察例数的多少，习惯上也叫做样本大小。在实验设计时要考虑样本含量问题。样本含量过少，所得指标不够稳定，结论也缺乏充分的根据；样本含量过多，会增加实际工作中的困难，对条件的严格控制也不易做到，并且造成不必要的浪费。样本含量估计原则是在保证研究结论具有一定可靠性的条件下，确定最少的实验或调查单位数。

(二) 样本含量大小的估计

影响样本大小的因素很多，主要有：①资料的性质。一般说来，计量资料的样本可以比计数资料少些，若误差控制较好，设计均衡，10~20例即可（有人认为不得少于10例）；计数资料样本要大得多，即使误差控制较好也要有30~100例左右。②误差的大小。误差大的所需样本要多些，误差小的样本例数可以少些。③样本的均衡性。样本的个性特征较均衡时所需样本例数可少些，否则就多些。④处理因素效应的强弱。实验组数据与对照组数据差值大则所需样本例数少，反之宜多。不同的研究设计类型有不同的样本含量确定方法。详见本章第四节。

四、均衡原则

(一) 均衡的意义

均衡是指实验组与对照组的非处理因素的条件均衡一致。两组非处理因素越均衡一致，它们的可比性越好，就越能显示出实验的处理因素的作用，从而减少非处理因素对结果的影响。例如，为达到均衡的目的，在动物实验中，分配到各处理组的动物要在种属、窝别、性别、体重等方面保持基本一致。在临床试验中，要求各治疗组的患者在年龄、性别、病情等非实验因素上保持基本一致。

(二) 均衡化方法最常用的有效方法

均衡化方法最常用的有效方法有：

（1）交叉均衡。此法是在实验单元中设立实验组和对照组，以使两组的非处理因素均衡。

（2）分层均衡。此法是用分层方法使各处理组中的非处理因素得到均衡。它是将非处理因素按不同水平划分为若干单位组，然后在每个单位组内安排处理因素。

第四节 医学科研设计中样本含量的确定

一、确定样本含量的意义

正确确定样本含量是医学科研设计中的一个重要部分，在估计样本含量时，应当注意克服两种倾向：某些研究工作者片面追求增大样本例数,认为样本例数越多越好,甚至提出"大量观察"是确定样本含量的一个重要原则,结果导致人力、物力和时间上的浪费。由于过分追求数量,可能引入更多的混杂因素,对研究结果造成不良影响。另一种倾向是在科研设计中,忽视应当保证足够样本含量的重要性,使得样本含量偏少,检验效能(power=$1-\beta$)偏低,导致总体中本来存在的差异未能检验出来,出现了非真实的阴性结果,这是当前医学研究中值得注意的问题。近年的一次调查表明,我国15种主要临床医学杂志中的450个两样本率比较假设检验的阴性结果(即$p>0.05$),如果以它们之间的差值为对照组率的0.5倍作判别标准,即差值相当于对照组事件率的1/2,仅有19%(85个)检验结果的检验效能在0.8以上,说明大部分假设检验的样本含量偏小,因此文中差异无显著性的结论很可能是判断错误。所以,在医学科研设计中,必须根据资料的性质,借助适当的公式或工具表,进行样本含量的估计。研究者可以根据需要和可能来确定一个适合的样本含量。另一方面,当医务工作者阅读专业文献时,对于那些假设检验的阴性结果($p>0.05$),有必要复核样本含量和检验效能是否偏低,以便正确分析假设检验的结论。

二、确定样本含量时应当具备的条件

确定样本含量时应当具备以下条件:
(1) 建立检验假设。
(2) 定出检验水准。即本次实验允许的Ⅰ型错误概率水准α,通常规定$\alpha=0.05$,同时还应明确是单侧或双侧检验,当然,规定的α水准越小,如$\alpha=0.01$,则所需的样本含量越大。
(3) 提出所期望的检验效能($1-\beta$)。即在特定的α水准,比如$\alpha=0.05$的条件下,若总体间确实存在着差异,此时该次试验所能发现此差异的概率。要求的检验效能越大,所需的样本含量就越大。实际上,检验效能由Ⅱ型错误 β 的大小所决定。通常我们令 $\beta=0.2$,此时,power $=1-0.20=0.80$;有时也令 $\beta=0.1$ 或 $\beta=0.25$,相应的检验效能分别为 0.90 和 0.75。在科研设计时,检验效能不宜低于 0.75,否则检验的结果很可能反映不出总体的真实差异,出现非真实的阴性结果。

(4) 了解由样本推断总体的一些信息。比较两总体均数或率的差异时,应当知道总体参数间的差值 δ 的信息。如两总体均数间的差值 $\delta=\mu_1-\mu_2$ 的信息,两总体率间的差值 $\delta=\pi_1-\pi_2$ 的信息。有时研究者很难得到总体参数的信息,可以用专业上(临床上)认为有意义的差值代替,如平均舒张期血压的差值 $\geqslant$ 0.67kPa(5mmHg),白细胞的平均差值为 0.5×10^9 个/L(500 个/mm^3),等等。也有人主张用 0.25 倍或 0.50 倍的标准差估计总体均数间的差值。当然也可以根据试验的目的人为规定,如规定试验的新药的有效率必须超过标准药物有效率的 30% 才有推广意义等。此外,确定两均数比较的样本含量还需要估计总体标准差 σ 的信息。这些信息也可以通过查阅资料,借鉴前人的经验或进行预备试验寻找参考值。

三、确定样本含量的应用范围

这一问题的应用范围有以下 3 个方面:

(1) 设差值 $\sigma=\mu_1-\mu_2$,期望达到一个预期的检验效能,比如 power $=1-0.10=0.90$,按规定的检验水准如 $\alpha=0.05$,需要多大的样本含量 N(两组合计)。这是在科研设计时,估计样本含量需要回答的问题,也是最常遇到和保证科研设计有足够的检验效能时所必须解决的问题。

例如,两样本均数比较,取两样本例数相等的公式为:

$$N = \left[\frac{2(u_\alpha + u_\beta)\sigma}{\delta}\right]^2 \tag{1}$$

式中：u_α 为检验水准所对应的 u 值，可由附表 1 查得；u_β 为 II 型错误的概率 β 相应的 u 值，如 $\beta = 0.10$，$u_{0.10} = 1.28$，也可从附表 1 中查出。设 δ 为两总体均数之间的差值 $\mu_1 - \mu_2$，σ 为总体标准差。据此可以对临床试验所需样本含量作出估计。

（2）在一次已知的临床试验中（前人的经验总结），已知样本含量 N，根据总体的差值估计这次试验的检验效能是否够大。

虽然这不是设计时需要解决的，但在查阅文献和借鉴前人经验时应当认真考虑。当假设检验的结果根据 $p > 0.05$ 作出无统计学意义的"阴性"结论时，研究者则面临着犯 II 型错误的可能性，应当考虑总体间的差异是否确实存在，有无可能由于检验效能不足而未能把总体中确有的差异反映出来。近年来，广大的医务工作者已认识到对"阴性"结论的临床试验结果复核其检验效能的重要性。许多国际会议对于假设检验中 $p > 0.05$ 作出的"阴性"结论，要求附有 II 型错误的概率为据，因而有必要介绍它的算法。

例如，两样本均数比较的资料，当两样本例数相等时可用下式计算：

$$u_\beta = \frac{\delta \sqrt{N}}{2\sigma} - u_\alpha \tag{2}$$

（3）科研设计时，根据已知条件初步确定出样本含量 N，并规定希望的检验效能（如 power = 0.90），估计总体参数的差值 δ。

实际上这是进一步选择样本含量的问题。一次科研设计除应规定检验水准和足够的检验效能外，还要选择一个在专业上被认为有意义、实际上也能接受的差值，这些在估计样本含量时是十分必要的。但是，提出一个合理的差值，有时需反复试验才能确定。现仍以两样本均数的比较为例说明计算方法：

$$\delta = \frac{2(u_\alpha + u_\beta)\sigma}{\sqrt{N}} \tag{3}$$

研究者可以根据实际情况，提出多个样本含量代入式（3）计算出多个差值，再根据专业知识最后加以决策。综上所述，在科研设计时，应当根据不同检验效能的期望值，比如 power = 0.80，power = 0.90 等，以及专业上（临床上）认为有意义的差值，如胆固醇平均相差应在 0.5 mmol/L（20 mg/100 ml）以上或 0.8 mmol/L（30 mg/100 ml）以上等专业上认为有意义的差值作为估计值，计算出多个样本含量，再根据研究者现有的条件，决定一个本次试验较为理想的样本含量。

四、估计样本含量的常用方法

估计样本含量的常用方法有：

（1）两样本均数比较。当两样本含量相等时可用前面介绍的公式（1）、（2）、（3）分别估计样本含量、Ⅱ型错误和两总体均数间的差值 δ。当两样本含量不等时，可用公式（4）、（5）估计样本含量：

$$N = \frac{\sigma^2(Q_1^{-1} + Q_2^{-1})(u_\alpha + u_\beta)^2}{\delta^2} \tag{4}$$

$$N = \left[\frac{\sigma(u_\alpha + u_\beta)}{\delta}\right]^2 (Q_1^{-1} + Q_2^{-1}) \tag{5}$$

当检验"阴性"结论（$p > 0.05$）的临床试验的检验效能时，可用式（6）估计 u_β：

$$u_\beta = \frac{|\delta|\sqrt{N}}{\sigma\sqrt{Q_1^{-1} + Q_2^{-1}}} - u_\alpha \tag{6}$$

在阅读文献时，在已知两样本例数 n_1 和 n_2 的情况下，可用下式代替，计算更为简便：

$$u_\beta = \frac{|\delta|}{\sigma\sqrt{\dfrac{1}{n_1}+\dfrac{1}{n_2}}} - u_\alpha \tag{7}$$

$$\delta = \frac{\sigma(u_\alpha + u_\beta)\sqrt{Q_1^{-1}+Q_2^{-1}}}{\sqrt{N}} \tag{8}$$

式中：Q_1 和 Q_2 为样本分配比(sample fraction)。当两样本例数不等时，应按照样本分配的比例将例数分入两组，因此 $Q_1 + Q_2 = 1$；当两样本例数相等，$Q_1 = Q_2 = 0.50$，则 $Q_1^{-1} = Q_2^{-1} = 2$。在科研设计中，通常使得两样本例数相等，此时，在样本含量相同的情况下，可以取得比两样本含量不同时更大的检验效能。但在查阅文献、复核检验效能、计算 u_β 时，往往遇到两样本含量不等的情况，可用式（6）或（7）进行估计。

例2-1 用新药降低高血脂患者的胆固醇，研究者规定试验组与对照组（安慰剂）相比，血胆固醇平均降低 0.5 mmol/L 以上，才有推广价值。引用文献中胆固醇的标准差为 0.8 mmol/L，规定单侧 $\alpha = 0.05$，power $= 0.90$，$\beta = 0.10$，要求估计样本含量，现规定样本分配比为：

$$Q_1 = 0.40,\ Q_2 = 0.60,\ u_{0.05} = 1.64$$
$$u_\beta = 1.28,\ \sigma = 0.8\ \text{mmol/L},\ \delta = 0.5\ \text{mmol/L}$$

代入公式（4），得：

$$N = \frac{(0.8)^2(0.4^{-1}+0.6^{-1})(1.64+1.28)^2}{(0.5)^2} = 92$$

取总例数为 92 例，按规定 40%，即 $92 \times 0.4 = 37$ 例进入试验组；60% 进入对照组，即 $92 \times 0.6 = 55$ 例。若规定两组例数相等，可代入公式（1）：

$$N = \left[\frac{2(1.64+1.28)0.8}{0.5}\right]^2 = 88$$

由上式得总例数只需 88，即每组 44 例。可见若要求等量的检验效能，在两组例数相等时所需样本含量较少，因此我们在设计时，最好取相等的两样本含量。下例说明计算 u_β 的方法和应用。

例 2-2　用 β 受体阻滞剂降低心肌梗死患者血压的随机双盲对照试验，结果如下，假设检验结果 $t=1.54$，$0.2>p>0.1$，认为该药降低血压无效，问此结论是否可靠？

表 2-1　两组心肌梗死患者治疗后的收缩压

kPa

分组	n	$\overline{X}$	s
试验组	15	14.4	1.6
对照组	15	15.3	1.6

解：令 $\delta=0.67$ kPa（5 mmHg），$\alpha=0.05$，$u_{0.05}=1.96$，$t=1.54$，$p>0.1$，代入公式（7）：

$$u_\beta = \frac{0.67}{1.6\sqrt{\frac{1}{15}+\frac{1}{15}}} - 1.96 = -0.81$$

当 u_β 为负值时，$\beta>0.50$，查附表 1 得 $\beta=0.7939$，power $=0.2061=0.21$，可见检验效能太低，此结论并不可靠，还应增大样本含量进一步试验。

（2）配对试验和交叉试验。估计样本例数、计算检验效能和推算差值的公式如下：

$$N = \left[\frac{(u_\alpha+u_\beta)\,\sigma_d}{\delta}\right]^2 \tag{9}$$

$$u_\beta = \delta\frac{\sqrt{N}}{\sigma_d} - u_\alpha \tag{10}$$

$$\delta = \frac{(u_\alpha + \beta)\sigma_d}{\sqrt{N}} \tag{11}$$

式中：σ_d 是每对观察对象差值的标准差；N 为观察的对子数；其他符号的意义同公式（1）。

例2-3 研究碳酸铝对白细胞减少症的治疗效果。已知患者白细胞数治疗后比治疗前平均增加了 1×10^9 个/L，标准差为 1.2×10^9 个/L，规定 $\alpha = 0.05$（双侧检验），$\beta = 0.10$，求样本含量。

解：$u_\alpha = 1.96$，$u_\beta = 1.28$

$$N = \left[\frac{(1.96 + 1.28)(1.20)}{1}\right]^2 = 15$$

可取 15 个患者参考试验。

（3）样本均数与总体均数的比较。

$$N = \left[\frac{(u_\alpha + u_\beta)\sigma}{\delta}\right]^2 \tag{12}$$

$$u_\beta = \delta \frac{\sqrt{N}}{\sigma} - u_\alpha \tag{13}$$

式中符号同（1）。

例2-4 已知血吸虫病人血红蛋白平均含量为 90 g/L，标准差为 25 g/L，现欲观察呋喃丙胺治疗后能否使血红蛋白增加。规定治疗后血红蛋白增加至少 10 g/L 以上为有效，$\alpha = 0.05$（双侧），$\beta = 0.10$，问应治疗多少病人？

解：已知 $\delta = 10$ g/L，$\sigma = 25$ g/L，$u_{0.05} = 1.96$，$\beta = 0.10$，$u_{0.10} = 1.28$，代入式（12）：

$$N = \left[\frac{(1.96 + 1.28)25}{10}\right]^2 = 66\text{（例）}$$

（4）两样本率比较。当例数相等时：

$$N = \frac{(u_\alpha + u_\beta)^2 4\bar{\pi}(1 - \bar{\pi})}{(\pi_1 - \pi_2)^2} \tag{14}$$

$$u_\beta = \frac{\sqrt{N}\,|\pi_1 - \pi_2|}{2\sqrt{\bar{\pi}\,(1-\bar{\pi})}} - u_\alpha \tag{15}$$

式中：π_1 和 π_2 分别代表两组的总体率；$\bar{\pi}$ 表示两组的合并率。

两率例数不等时：

$$N = \left[\frac{u_\alpha\sqrt{\bar{\pi}(1-\bar{\pi})(Q_1^{-1}+Q_2^{-1})} + u_\beta\sqrt{\pi_1(1-\pi_1)Q_1^{-1}+\pi_2(1-\pi_2)Q_2^{-1}}}{\delta}\right]^2 \tag{16}$$

$$u_\beta = \frac{|\pi_1-\pi_2| - u_\alpha\sqrt{\bar{\pi}\,(1-\bar{\pi})\left(\dfrac{1}{n_1}+\dfrac{1}{n_2}\right)}}{\sqrt{\dfrac{\pi_1(1-\pi_1)}{n_1}+\dfrac{\pi_2(1-\pi_2)}{n_2}}} \tag{17}$$

例 2-5　用旧药治疗慢性肾炎的近控率为 30%。现试验新药疗效，要求新药的近控率须达到 50% 才能推广使用。二者合计率为 40%，$\alpha = 0.05$，（单侧）power $= 0.90$，问每组需要多少病例？

解：已知：$\pi_1 = 50\%$，$\pi_2 = 30\%$，$\bar{\pi} = 40\%$，$u_{0.05} = 1.64$，$u_{0.10} = 1.28$，若两组例数相等，代入式（14）：

$$N = \frac{(1.64+1.28)^2 \, 4\,(0.4)\,(1-0.4)}{(0.50-0.30)^2} = 205$$

每组取 103 例。

若取例数不等，如新药组取 60%，旧药组取 40%，代入公式（16）：

$$N = \left[1.64\frac{\sqrt{0.4(1-0.4)(0.6^{-1}+0.4^{-1})}}{(0.50-0.30)}\right.$$
$$\left. + 1.28\frac{\sqrt{0.5(1-0.5)0.6^{-1}+0.3(1-0.3)0.4^{-1}}}{(0.5-0.3)}\right]^2$$

$$= 208$$

新药组的样本含量为 $208 \times 0.60 = 125$ 例，旧药组为 $208 \times$

$0.40 = 83$ 例。

例 2-6 观察急性白血病患者化疗缓解与并发感染的关系。根据检验结果 $p > 0.05$ 不能认为两组有差别，设两组的感染率应相差 0.30 以上才有意义，$\alpha = 0.05$，问检验效能是否充分？

表 2-2

组　　别	n	感染发生率/%	p
化疗后缓解组	17	88.2	>0.05
化疗后未缓解组	27	70.3	

解：代入式（17）：

$$u_\beta = \frac{0.3 - 1.96\sqrt{0.77(1-0.77)\left(\frac{1}{17}+\frac{1}{27}\right)}}{\sqrt{0.882\frac{(1-0.882)}{17}+0.703\frac{(1-0.703)}{27}}} = 0.379$$

查附表 1，$\beta = 0.352$，power $= 1 - 0.352 = 0.648 < 0.75$，说明检验效能不够充分。

(5) 配对分类资料多用 χ^2 检验进行处理。可将资料排列为如下形式：

		第二种检查		
		+	−	
第一种检查	+	a	b	$a+b$
	−	c	d	$c+d$
		$a+c$	$b+d$	

$$N = \left[\frac{u_\alpha\sqrt{2\bar{\pi}} + u_\beta\sqrt{\dfrac{2\pi_{-+}\pi_{+-}}{\bar{\pi}}}}{\bar{\pi}_{-+} - \bar{\pi}_{+-}}\right]^2 \tag{18}$$

$$\pi_{+-} = \frac{b}{a+b}, \quad \pi_{-+} = \frac{c}{a+c}, \quad \bar{\pi} = \frac{\pi_{+-} + \pi_{-+}}{2}$$

$$u_\beta = \frac{\sqrt{N}|\pi_{-+} - \pi_{+-}| - u_\alpha \sqrt{2\bar{\pi}}}{\sqrt{\frac{2\pi_{-+} \pi_{+-}}{\bar{\pi}}}} \tag{19}$$

例 2-7 已知一种菌种接种于甲乙两种培养基的结果如下：甲为阳性、乙为阴性的 $\pi_{+-}=0.04$，甲为阴性、乙为阳性的 $\pi_{-+}=0.24$。设 $\alpha=0.05$（双侧检验），$\beta=0.10$，现欲研究一种新的菌种进行实验，问应该用多少样本对子数？

解：$\pi_{+-}=0.04$，$\pi_{-+}=0.24$，$\bar{\pi} = \frac{0.04+0.24}{2} = 0.14$

$$N = \left[\frac{1.96\sqrt{0.14 \times 2} + 1.28\sqrt{2(0.24)(0.04)/0.14}}{0.24 - 0.04}\right]^2 = 57$$

该试验至少应取 57 对样品。

(6) 估计总体均数的样本含量。

$$N = \left(\frac{u_\alpha \sigma}{\delta}\right)^2 \tag{20}$$

例 2-8 某医师拟用抽样方法了解该地区成年男子血红蛋白的平均水平，希望误差不超过 2 g/L。根据文献，血红蛋白的标准差约为 25 g/L，如取 $\alpha=0.05$（双侧），问需调查多少病人？

解：$u_{0.05}=1.96$，代入公式（20）：

$$N = \left(\frac{1.96 \times 25}{2}\right)^2 = 600$$

需调查 600 例病人。

(7) 估计总体率的样本含量。

$$N = \frac{u_\alpha^2 \pi(1-\pi)}{\delta^2} \tag{21}$$

例 2-9 高血压的患病率为 8%，研究者欲了解某地高血压的患病率，并希望误差不超过 2%，问需要调查多少人？

解:取 $\alpha=0.05$(双侧检验),$u_{0.05}=1.96$,$\delta=0.02$

$$N=\frac{(1.96)^2}{(0.02)^2}(0.08)(1-0.08)=707 \text{(例)}$$

(8)直线相关的样本含量。

$$N=4\left[\frac{u_\alpha+u_\beta}{\ln\left(\frac{1+\rho}{1-\rho}\right)}\right]^2+3 \tag{22}$$

$$u_\beta=\frac{\sqrt{N-3}}{2}\ln\left(\frac{1+\rho}{1-\rho}\right)-u_\alpha \tag{23}$$

例 2-10 估计 $\rho=0.70$,规定双侧 $\alpha=0.05$,$\beta=0.10$,问需多少样本例数?

解:$u_{0.05}=1.96$,$u_{0.10}=1.28$,代入公式(22):

$$N=4\left[\frac{1.96+1.28}{\ln\left(\frac{1+0.7}{1-0.7}\right)}\right]^2+3=17 \text{(例)}$$

例 2-11 已知 $N=10$,相关系数 $r=0.65$,规定单侧 $\alpha=0.05$,$u_{0.05}=1.64$,问检验效能是否充分?

解:代入式(23)

$$u_\beta=\frac{\sqrt{10-3}}{2}\ln\left(\frac{1+0.65}{1-0.65}\right)-1.64=0.406$$

$\beta=0.3409$,power$=0.6591$,检验效能低于 0.75。

(9)两相关系数比较。

$$N=\frac{4(u_\alpha+u_\beta)^2(Q_1^{-1}+Q_2^{-1})}{\left[\ln\frac{(1+\rho_1)(1-\rho_2)}{(1-\rho_1)(1+\rho_2)}\right]^2} \tag{24}$$

$$u_\beta=\frac{\sqrt{N-6}\ln\frac{(1+\rho_1)(1-\rho_2)}{(1-\rho_1)(1+\rho_2)}}{2\sqrt{Q_1^{-1}+Q_2^{-1}}}-u_\alpha \tag{25}$$

式中：ρ_1 和 ρ_2 为两总体相关系数。

当两样本含量相等时：

$$N = 16\left[\frac{u_\alpha + u_\alpha}{\ln\frac{(1+\rho_1)(1-\rho_2)}{(1-\rho_1)(1+\rho_2)}}\right]^2 + 6 \quad (26)$$

$$u_\beta = \frac{\sqrt{N-6}}{4}\ln\frac{(1+\rho_1)(1-\rho_2)}{(1-\rho_1)(1+\rho_2)} \quad (27)$$

式中：ρ_1 和 ρ_2 为两总体相关系数。

例 2-12 设 $\rho_1 = 0.70$，$\rho_2 = 0.40$，问需要多大样本例数？要求两样本例数相等，$\alpha = 0.05$（单侧），$u_{0.05} = 1.64$，$\beta = 0.10$，$u_{0.05} = 1.28$。

解：代入式（26）：

$$N = 16\left[\frac{1.64 + 1.28}{\ln\frac{(1+0.7)(1-0.4)}{(1-0.7)(1+0.4)}}\right]^2 + 6 = 180$$

即每组应各取 90 例。

(10) 生存率比较。计算较为复杂，现将几种情况介绍如下：

a. 两生存率比较：

两样本含量相等时：

$$N = \left[\frac{(u_\alpha + u_\beta)(\ln P_1 + \ln P_2)}{\ln P_1 - \ln P_2}\right]^2 \quad (28)$$

$$u_\beta = -\left[\frac{\sqrt{N}|\ln P_1 - \ln P_2|}{\ln P_1 + \ln P_2} + u_\alpha\right] \quad (29)$$

式中：$\ln P_1$ 和 $\ln P_2$ 为两总体生存率取自然对数。

例 2-13 已知胃癌常规手术的 5 年生存率为 50%，现拟对该手术进行改进，要求新的手术应提高生存率 20%，即要求 5 年生存率为 70% 以上，问需要多少样本含量？

解：单侧 $\alpha = 0.05$，$u_\alpha = 1.645$，$\beta = 0.10$，$u_\beta = 1.282$，代入公式（28）：

$$N = \left[\frac{(1.64+1.28)(\ln 0.50 + \ln 0.70)}{\ln 0.50 - \ln 0.70}\right]^2 = 83$$

即取 84 例,每组各取 42 例可达设计要求。

(11) 整体抽样的样本大小。由于整群抽样的误差往往比单纯随机抽样大,所以求样本大小另有公式。

计量资料用下式:

$$K = \frac{4\sum\left[\sum\frac{m_i}{\overline{m}}(X_i - \overline{X})\right]^2}{\sigma^2(k-1)} \qquad (30)$$

式中:m_i 为第 i 群人口数;$\overline{m}$ 为各群的平均人口数;σ 为允许误差;K 为需查群数。

从上式可以看出,要想求 K 先要做一个预查,抽 k 个群,第 i 群的均数 $\overline{x}_i$,总均数为 $\overline{X}$。

计数资料用下式

$$K = \frac{4\sum\left[\sum\frac{m_i}{\overline{m}}(p_i - p)\right]^2}{\sigma^2(k-1)} \qquad (31)$$

同样地,计数资料调查要想求 K 也先要做一个预查,抽 k 个群,第 i 群的率为 p_i,总的率为 p。

从上两式可以看出,若各群的人口数差不太大,则 $\frac{m_i}{\overline{m}}$ 接近于 1,也就是说抽多少群与 m 的大小无多大关系,而与各群均数(或率)与总均数(或率)的差数有关,差数越大,抽的群数越多,允许误差 σ 越小,抽的群数越多。

例 2-14 以表 2-3 为预查的结果,若令允许误差为 0.05,问需调查多少群?

表2-3 某市肺结核患病率调查数据

居民委	人口数(m_i)/人	患者数(C_i)/人	患病率(P)/%	P_1-P	$m_1(P_i-P)$	$m_i^2(P_i-P)^2$
A	1 512	8	0.529 1	-0.006 7	-10.130 4	102.625 0
B	1 437	9	0.626 3	0.090 5	130.048 5	16 912.612 4
C	1 026	6	0.584 8	0.049 0	50.274 0	2 527.475 1
D	1 732	9	0.519 6	-0.016 2	-28.058 4	787.273 8
E	1 198	5	0.417 4	-0.118 4	-141.843 2	20 119.493 1
合 计	6 905	37	0.535 8			40 449.479 7

将表2-3中的有关数值代入公式（31），得：

$$K = \frac{4\left(\frac{40\ 449.479\ 7}{(1\ 381)^2}\right)}{0.05^2 \times (5-1)} = 8.48$$

即需查9群，预查已查5群，故再查4群即可以达到预期的精确度，使样本率与总体率之差不超过5%（$\alpha = 0.05$）。

（12）病例-对照研究的样本大小。病例-对照研究的样本大小应用下式计算：

$$N = \frac{(u_\alpha\sqrt{2\overline{P}\,\overline{Q}} + u_\beta\sqrt{P_1Q_1+P_2Q_2})^2}{(P_2-P_1)^2} \quad (32)$$

式中：α，β分别为第一类错误与第二类错误；u为标准正态分布的横坐标。u_α为双侧时，每侧尾面积为$\alpha/2$；u_α为单侧时，单尾面积为α，u_β则为单侧。P_1，P_2分别为估计对照组与病例组有暴露史的比例。$Q_1 = 1-P_1$，$Q_2 = 1-P_2$，$\overline{P}$为两组暴露史比例的平均值，即$\overline{P} = (P_1+P_2)/2$，$\overline{Q} = 1-\overline{P}$，$P_2$可依据$P_1$及比数比$OR$用下式求得：

$$P_2 = \frac{OR \times P_1}{1 - P_1 + OR \times P_1} \tag{33}$$

例 2-15 为了考察母亲孕期使用雌激素与所生子女患先天性心脏病的联系，拟进行病例-对照研究。估计对照组有暴露史的比例 $P_1 = 0.3$，比数比 $OR = 2$。设 $\alpha = 0.05$，$\beta = 0.10$，求样本大小。

解：已知 $P_1 = 0.3$，$OR = 2$，代入公式（33）得：

$$P_2 = \frac{2 \times 0.3}{1 - 0.3 + 2 \times 0.3} = 0.4615;$$

$$Q_2 = 1 - P_2 = 0.5385;$$

再求 $\bar{P} = \frac{0.3 + 0.4615}{2} = 0.3808$，$\bar{Q} = 1 - 0.3808 = 0.6192$。

查标准正态曲线下的面积表（或 t 值表中 $df = \infty$ 时之 t 值），知双侧时 $u_{0.05} = 1.96$，单侧时 $u_{0.1} = 1.282$，$Q_1 = 1 - P_1 = 0.7$，将有关数据代入公式（32），得：

$$N = (1.96\sqrt{2 \times 0.3808 \times 0.6192} + 1.282 \times$$
$$\sqrt{0.3 \times 0.7 + 0.4615 \times 0.5385})^2 \div (0.4615 - 0.3)^2$$
$$= 188$$

即病例组与对照组各需调查约 190 人。

(13) 定群研究的样本大小。其求样本大小的公式与公式 (32) 形式相同，但 P_1，P_2 的含意不同。这里 P_1，P_2 分别为暴露组与非暴露组的发病率。如已知非暴露组的发病率 P_2 及相对危险度 RR，暴露组的发病率 P_1 可用下式求得：

$$P_1 = RR \times P_2 \tag{34}$$

例 2-16 为了考察母亲孕期使用雌激素与所生子女患先天性心脏病的联系，拟进行定群研究。估计非暴露组的发病率 $P_2 = 0.002$，即每 1 000 活产中有 2 例先天性心脏病，使用雌激素引起所生子女患该病的相对危险度 $RR = 2$。设 $\alpha = 0.05$，$\beta = 0.10$，求样本大小。

解：已知 $P_2 = 0.002$，$RR = 2$，代入公式（34）得：
$$P_1 = RR \times P_2 = 2 \times 0.002 = 0.004;$$
$$Q_1 = 1 - P_1 = 0.996;$$

再求 $\overline{P} = (0.002 + 0.004)/2 = 0.003$；
$$\overline{Q} = 1 - \overline{P} = 0.997。$$

按双侧面积，$u_\alpha = u_{0.05} = 1.96$，按单侧面积，$u_\beta = u_{0.1} = 1.282$，将有关数值代入公式（32）得：
$$N = (1.96 \times \sqrt{2 \times 0.003 \times 0.997} + 1.282 \times$$
$$\sqrt{0.002 \times 0.998 + 0.004 \times 0.996})^2 \div (0.004 - 0.002)^2$$
$$= 15\ 716$$

即暴露组与非暴露组各需 15 720 人。用定群研究所需样本比病例－对照研究大得多，这是因为定群研究中各组发病率比病例－对照研究中各组的暴露率比例小得多的缘故。

第五节　医学科研设计方案

本节以世界卫生组织西太区办事处推荐的医学科研设计方案的格式来展开讨论。

一、医学科研设计方案的格式

（一）研究问题的描述

研究问题的描述包括以下几个方面：
(1) 制定研究计划（研究目的和假设、方法学、工作计划和预算等）的重要基础；

（2）选择研究题目的组成部分；

（3）指导并把研究设计重点放在解决问题上；

（4）使调查者能系统地描述问题，并指出该问题在国家和地区中的重要性和优先必要性以及为什么要进行这个问题的研究；

（5）便于资助机构对研究计划进行同行评审。

怎样撰写研究计划中关于研究问题的描述？应该是精确而简练的，但应包括主要要点。有关研究问题的信息也应扼要地加以概括，以使读者不至于"淹没"于枝叶中。

（二）该研究问题与国家和当地卫生活动（生物医学、行为科学和卫生体系的开发）的相关性

说明为什么要对该问题进行研究以及该问题在国家和地区中的重要性和作为优先项目的必要性，并说明如何应用研究成果阐述该问题的重要性。

（三）计划研究结果的应用领域

阐述研究成果对决策者、卫生管理人员和卫生科学人员的重要作用，以及如何将这些结果传播到有关的群众中去。

（四）文献回顾和其他现有的信息

对调查者来说第二个步骤是他们自己要熟悉有关研究问题的现有知识并查阅他人是否已经调查过同样或类似的问题。这个步骤可通过全面的对批判性文献的评阅及与有关专家交流来完成。当准备一个研究计划时，对现有信息的回顾是重要的，因为：

（1）有助于对所提出的研究问题的进一步理解，并可使"问题的描述"更为精练；

（2）有助于确定研究变量并对变量之间的关系产生一些概念

和想法；

(3) 有助于研究假设的形成和选择；

(4) 有助于发现他人有关该主题的报告，以作为本研究设计的参考；

(5) 使我们熟悉可用于该研究的各种方法。

信息来源包括：

(1) 图书馆的书籍分类卡片；

(2) 索引，如医学文献索引（Index Medicus）和国际护理索引（International Nursing Index），这些索引可以按照学科、科目作者和题目来找出发表在杂志上的有关文章（论文或综述）；

(3) 以计算机为基础的文献检索，如 MEDLINE，MEDLARS 和 CATLINES；

(4) 文献目录，这些可以在书籍、文章、论文或单行本后面找到；

(5) 国家、省、市或部门收集的统计资料；

(6) 查询正在进行的研究所得信息。

(五) 目的的说明

研究目的是研究计划达到的目标，可区分为"一般"目的和"特殊"目的以消除不必要的混淆。研究的一般目的是研究项目完成什么和为什么。例如，决定一种新的疫苗是否要结合在公共卫生项目中。

特殊目的通常将欲完成的任务分成几个小的合乎逻辑的问题。换句话说，特殊目的指研究者通过研究要回答的特定研究问题。例如，在评价一种新的疫苗效果中，通过比较接种组和非接种组来确定疫苗的保护程度。

（六）变量

确定研究计划中所包含的各种变量是必要的。在研究中重要的变量为如下4类：

（1）自变量。在一个研究中控制某些变量以便观察其对相应的因变量的影响。

同义词：原因、投入、倾向因素、前件、危险因素、特征、属性、决定因素。

（2）因变量。该变量的变化是随自变量数量或水平的改变而改变的。

同义词：效果、结局、效应、后果、状况、疾病。

（3）混杂或干扰变量。该变量可能影响或"混淆"自变量对因变量的效果，而应加以研究。例如，在研究麻疹（自变量）对儿童死亡率（因变量）的作用中，儿童的营养状况可能起着干扰作用。

（4）背景变量。在人群调查中，一些变量常具有各种关联性，因此在研究中应考虑这些变量。

同义词：性别、年龄、种族、教育、婚姻状况、社会状况。

研究的目的通常是决定一个或多个自变量对一个或多个因变量所产生改变的效果。例如，一项研究可以问："酒精摄入（自变量）对胃溃疡（因变量）的发生有影响吗？"

某些变量可能不易于鉴别。为了研究的目的必须清楚地规定这些变量的特征。在计划阶段，一个研究项目中的变量应该明确并说明测量它们的方法和测量单位。

（七）研究假设的阐述

科研工作的价值很大程度上取决于对形成假设所具有的创见性和逻辑性。如果研究者对他们所研究的工作有充分的了解，从而能作出预言，那么就可形成假设。假设可以定义为两个或多个变量之间关系的试验性预言或解释。换句话说，假设将所研究问题的陈述转译成精确的预期结果的预言。必须强调的是假设不是任意的猜测，而是反映了研究者的知识、想像力和经验的深度。假设在形式上可以简单地看作是预言两个变量——自变量与因变量之间关系那样简单。所以，在形成假设的过程中，应该找出所有与研究有关的变量。

例如，母亲积极参与健康教育要比以课堂为基础的健康教育对儿童喂养产生更为积极的效果。

其中：健康教育的各种类型为自变量；儿童喂养习惯的各种变化为因变量。

（八）研究方法学

1. 方法学摘要（不超过150个字）

提供一到两个小段，摘要说明研究设计要点。

2. 研究设计

（1）研究策略的选择。研究策略的选择是研究设计的核心，也可能是研究者必须作出的唯一最重要的决定。策略的选择，无论是描述性、分析性、实验性、操作性的，还是这些方法的联合运用，将取决于各种不同的考虑。研究的特殊类型如下：

▲ 描述性策略（观察性的，提出假设而不是检验假设）

——描述性现况调查或人群调查，如疟疾调查、意向调查，知识、态度、行为（KAP）调查；

——疾病发生的流行病学描述——人间、空间和时间分布；

——研究健康和疾病随着时间、空间而改变的模式：流行病学的转化；

——健康问题的社区诊断或需求的评估；

——现有资料的研究：病例系列、疾病登记和监测报告；

——疾病自然史的研究。

▲ 观察分析性策略（假设检验）

——前瞻性研究（定群研究）；

——历史性定群（纵向）研究，当有合适的历史性资料或记录供利用时可进行；

——回顾性研究（病例-对照研究）；

——分析性（横断面）研究；

——随访研究（纵向研究，重复横断面研究）。

▲ 试验性策略

——动物研究；

——临床治疗试验；

——临床预防试验；

——现场试验；

——准实验性研究（干预研究、卫生体系研究）。

▲ 操作性策略（观察、时间动向研究）

（2）研究场所的选择。研究场所包括研究的所有方面，如研究的人群、地点、时间和伦理道德问题等。

（3）抽样。抽样是选择合适的样本和确定研究样本大小的过程或技术。包括：①概率抽样方法的选择。单纯随机抽样、系统和分层抽样、整群抽样、多阶段抽样、连续性抽样、重复性抽样、权重分层抽样。②样本量的决定。样本量应该大到能产生有意义的结果和能使用统计方法进行统计学上的显著性检验。③应有保证样本的代表性和可靠性，并把抽样误差减少到最低程度的计划。

（4）对照组的应用。在科学研究中，为了提高结论的真实性需应用对照组或比较组。对照组应来自与试验组相同的人群，他们具有同试验组人群的各种类似因素，所不同的是试验组暴露于危险因素、使用预防性或治疗性措施或参与干预项目，而对照组没有。

在实验性研究中,对照组成员不受试验性刺激物的作用,但是在其他方面,对照组成员都与试验组成员相似。在可能的情况下,受试者(无论是对照组还是试验组)都应进行随机地选择并分配到各组中。当在研究中毋需说明因果关系,或毋需证明某种结果归因于某种特殊治疗或干预的作用时可不设对照组。虽然一些描述性研究(现有资料的研究、调查)可以缺少对照组,但是在所有的医学科研设计,包括药物的实验性研究、干预项目、疾病控制措施的效果研究和许多其他的调查研究中,都必须设立对照组。忽视组间差别,将实际上本不可比的各组间互相进行比较,这样严重的错误并不少见。因此,必须制定检验实验组(或样本)和对照组之间均衡性的计划。

(5)研究工具。研究工具是指收集资料的工具。它们包括:调查表和交谈时间表、观察的其他方法(医学检查、实验室检验、检验程序)和记录表格的设计。

(6)收集资料计划的简短描述。包括:①为了使混乱、拖延和错误的可能性减少到最低限度,应对研究和资料收集加以组织;②资料收集队伍的组织和培训及在研究中的职责范围;③资料收集的后勤支持;④预制定调查或可行性研究计划,包括预试验方法;⑤如果需要,制定不同机构间的合作计划。

(7)资料分析和结果解释计划的简短描述。分析的计划是研究设计的一个组成部分并且应该纳入研究计划中。准备这样的计划有助于研究者避免犯几种可能的错误,如在研究结束时才发现需要的信息还没有收集,收集到的某些信息又没有应用在分析中或者收集到的某些信息其收集方式不适合于进行统计学分析。描述包括:①分析表格的设计;②数据处理和编码的计划;应用手工分类、机器分类、计算机程序或数据的联动装置;③选择适用于每一种假设的统计方法。

二、医学科研设计方案的实例

输精管切除术与动脉粥样硬化疾病的研究

(一)问题的描述

输精管切除术,是一种安全、简便而高效的避孕方法,已经在全世界广为推行。A 国,在 1960～1985 年期间,大约有 100 多万或 8% 的育龄男性都已经施行了输精管切除术,70 年代末和 80 年代初,美国的动物试验研究报告表明输精管切除术可能加速动脉粥样硬化的进程。不难理解,这些报告已引起输精管切除术服务提供者的关注,也引起曾经动过或将要动该手术的人的关注。重要的问题是输精管切除术和动脉粥样硬化之间的联系是否也适用于人类。

(二)该问题与国家或当地卫生保健目标的相关性(生物医学、行为科学及卫生体系的开发)

鉴于实验结果发表在世界性的非专业刊物上,对输精管切除术项目可能已产生了负向作用,因此不论从项目方面还是从科学方面都有理由对这个问题进行研究。在选择发展中国家进行研究时,有几个因素必须考虑:输精管切除术的手术率、动脉粥样硬化疾病的发病率、广泛开展输精管切除术的年数、获得医疗服务的一般途径及诊断技术的一致性。有关资料的分析表明 A 国最适合于这些情况,因此,我们决定在这个国家进行这项研究。

(三)计划研究结果的适用领域

根据对下述问题的回答,研究结果将有助于计划生育决策者与卫生科学工作者更有效、更安全地实施输精管切除术项目。

(1) 输精管切除术是否与动脉粥样硬化疾病有关？

(2) 如果存在联系，与其他已知的危险因素相比，输精管切除术的相对重要性有多大？

(3) 哪些男性亚群在施行输精管切除术以后发生动脉粥样硬化疾病的可能性特别大？

（四）文献和其他现有信息的综述

美国、英国和北欧国家已经进行 12 项有关流行病学研究，没有一项研究发现输精管切除术和男性心血管疾病的发病率或死亡率有因果联系。然而，在大多数研究中，研究对象施输精管切除术还不到 10 年，而心血管疾病的潜伏期要比这个时间长得多。而且，在其他社会经济和文化环境下，可能会获得不同的研究结果。

（五）提出目的

(1) 一般目的。确定输精管切除术与其后因动脉粥样硬化疾病而住院之间是否有因果联系。如果有，则确定输精管切除术与患动脉粥样硬化性疾病的危险性是否因观察对象具有其他冠心病危险因素，如吸烟、高血压和高胆固醇等而增强。

(2) 特殊目的。包括：①估计输精管切除术及其男性动脉粥样硬化性疾病危险因素的相对危险度（使用单变量分析方法）；②估计输精管切除术对动脉粥样硬化性疾病独立的作用（利用条件 Logistic 回归模型）；③检测输精管切除术导致动脉粥样硬化性疾病的可能期限；④检测输精管切除术、吸烟和高血压之间可能的协同作用。

（六）研究变量

(1) 按照世界卫生组织标准来诊断动脉粥样硬化性疾病；

(2）病人特征：年龄、出生日期、宗教、教育、职业、家庭史、婚姻状况；

(3）生育史：存活子女的数量与性别、妻子的生育情况；

(4）生活方式：吸烟习惯、饮酒量、饮食习惯、食盐量、喝咖啡量、体力活动；

(5）医学史：有无可能导致不育的疾病或手术、高血压、糖尿病或高胆固醇血症。

（七）研究假设的阐述

70年代末和80年初，美国动物试验的研究报告表明输精管切除术可能加快动脉粥样硬化的进程。我们希望进一步研究这一结果是否适用于人类。

（八）研究方法学

1. 方法学的摘要（不超过150个字）

进行以医院为基础的病例-对照研究以检验男性输精管切除术和动脉粥样硬化发病之间的可能关系。病例组500例男性病例选自10所大学附属医院第一次诊断为动脉粥样硬化性疾病的患者，年龄在35岁至64岁之间；对照组1 000名，为与病例相配对的非动脉粥样硬化住院病人，这些病人的住院原因与输精管切除术无关。

2. 研究设计

(1）研究策略的选择。经培训过的调查员应用事先设计好的调查表询问上述病例组与对照组。

(2）研究场所的选择。在A国家中挑选10个教学医院，研究对象必须是已婚男性病人，年龄为35~64岁，至少有一个存活的儿子，妻子在生育期内必须没有因为任何医学原因而绝育。病例组必须是住院的男性病人，他们在出院之前就已确诊为第一次发作的动脉粥样硬化性疾病；对照组也必须是住院的男性病人，这些病人无动脉粥样硬化病史，其住院疾病与输精管切除术无关。研究期限为1988年9月到1990年3月。

(3) 抽样。鉴于本研究的设计，样本（病例组或对照组）以非随机化方法选择。样本量确定为病例组500例，对照组1 000例。样本量大小的计算是基于事先确定显著性水平、把握度和打算测知的相对危险度水平。本设计力图避免或减少在病例-对照研究中常见的偏倚与误差。回忆偏倚、选择偏倚和输精管切除术报告偏倚对研究结果的真实性是极其重要的。

(4) 对照组的使用。如上所规定，每个病例选择两个对照，并按照如下条件进行配对：①来自同一医院；②年龄相差为±5岁；③存活小孩的数量（至少有一个儿子）；④入院日期相近。对照组的诊断包括：消化系统疾病、肿瘤、外伤、中毒、传染病或寄生虫病、呼吸系统疾病、神经系统疾病、肌肉骨骼系统疾病及其他疾病。

(5) 研究工具。调查表的设计应尽量减少调查员偏倚和回答偏倚。调查表内容包括：①病人的特征；②家庭健康史；③生育史；④习惯；⑤个人性格特征类型；⑥医疗史（包括输精管切除术史）；⑦从病史上了解的临床信息。

调查人员从医院护士和来自院外有经验的调查人员中挑选。他们将进行以下方面的简短培训：①访谈技巧；②记录方法；③研究的目的；④病例组和对照组的选择标准；⑤有关问题的解释；⑥病史的摘录。

(6) 收集资料计划的简短描述。病例组的选取：调查员审阅每日黑板上的住院病人情况→如果诊断适合研究的范围，将病例转给心脏病主任医师作评估→由他作出病例诊断是否合格的决定→调查人员核对病人背景资料是否合格→如果病人满足诊断标准和背景资料合格→调查人员开始询问并填写调查表→每完成5个病例和 10 个配对对照以后，请研究中心的工作人员对调查表进行评估→重复以上步骤。

对照组的选取：调查人员评估入院单并选择符合配对标准和入院诊断合适的对照病例→核对病人背景资料是否符合入院标准→如对照组成员合格，则进行调查。

(7) 资料分析和结果解释计划的简短描述。每个自变量将分成如下两部分：年龄分成 35～54 岁与 55～64 岁，教育分成小于 12 年与大于 12 年，职业分成管理人员与其他，吸烟分成一直吸烟与从不吸烟，喝咖啡分成每天喝与不常喝，医生诊断的疾病史分成有与没有。

数据处理将借助于计算机。统计分析 1:2 配对的相对危险比（一个病例，两个对照）。以单因素配对对子分析方法：①计算未校正的相对危险比（OR）与 95% 可信限范围，以估计输精管切除术和其他危险因素的相对危险度。②利用配对的条件 Logistic 回归模型计算校正相对危险比，用此比来评价输精管切除术对动脉粥样硬化的独立影响。③利用动脉粥样硬化作为因变量，输精管切除术后间隔时间作为自变量，用条件 Logistic 回归模型来检验输精管切除术后，时间长短对发生动脉粥样硬化的时间效应。

第三章 医学科研设计中的量化分析方法

第一节 数理统计方法

数理统计方法在医学科学研究中的应用可以追溯到18世纪。18世纪以来，生物学家试图通过变异分析的方法来探讨遗传规律，医学家则应用数理统计分析方法来总结临床经验、指导科研工作，出现了以数理统计方法为基础的生物统计学和医学统计学。

法国的鲁易斯（Louis P.C.A. 1787～1872年）是最早应用统计方法进行临床医学研究的医学家，他通过图表来总结临床观察资料；麻夫尔和凯特莱先后应用常态曲线方程于生物学观察和实验观察数据。奥地利的孟德尔（Mendel G.J. 1822～1884年）首先应用数字方法研究生物遗传特性。英国的皮尔逊（Pearson K. 1857～1936年）于1899年提出"χ^2（卡方）检验"。皮尔逊于1899年创办生物统计杂志。皮尔逊的学生哥赛脱（Gosset w.S. 1876～1937年）创导"Student's t 检验方法"，建立了小样本统计理论。20世纪，费希尔（Fisher R.A. 1890～1962年）和他的学生将数理统计方法广泛应用于生物学和遗传学。1925年费希尔发表《研究工作者用数理统计方法》，被认为是近代数理统计学的开始。1928年费希尔发现方差分析，1935年又公布《实验设计》，提出"重复、随机、对照"三大原则，他所创制的随机化，大大减少了实验中的偏倚。

近代医学和生物学正从定性转入定量的研究。数理统计方法就是在掌握偶然现象的规律性的基础上，利用概率来探讨样本和总体间的关系，从而使科研人员可能作出比较正确的结论。近代医学研究的进展表明，数理统计对医学的发展起了重要的作用。可以预期，数理统计法对于今后医学科学的发展必将起到越来越重要的作用。

数理统计是关于对随机样本数据的收集、整理、分析与推断的科学。数理统计方法在医学科研设计中的应用日益广泛，它可以帮助医学研究工作者正确处理医学研究课题中的数据资料，提高课题研究的质量。

医学科研设计中常用的数理统计方法有两大类：一类为统计描述方法，即用来整理数据和描述数据特征的方法。如将收集所得的数据资料用统计表或统计图表示出来，计算所得数据资料的平均数、标准差、相关系数等特征数以描述这些数据资料的集中趋势、离散程度和相关关系，进而揭示所研究事物的内部规律性。另一类为统计推断方法，即利用所研究的样本数据资料对同质总体进行推论的方法。如差异显著性检验（正态性检验、t 检验、χ^2 检验、秩和检验、方差分析等）、因素分析（一元相关回归分析、多元相关回归、Logistic 回归分析、协方差分析、逐步回归分析、主成分分析、判别分析、聚类分析、因子分析等）。有关上述方法的具体计算细节可参考统计学专著。此处简要介绍上述方法在医学科研设计中的应用。

一、正态性检验

正态分布是数理统计学中的一种十分重要的连续型随机变量的概率分布。若随机变量 X 服从正态分布，则 X 的频数分布曲线呈现以均数为中心、中间高、两侧低、左右对称的古钟型分布曲线。正态分布的概率密度函数 $f(X)$ 为：

$$f(X) = \frac{1}{\sigma\sqrt{2\pi}} e^{\frac{1}{2}(\frac{X-\mu}{\sigma})^2} \quad (-\infty < X < +\infty)$$

式中：μ 为总体均数；σ 为总体标准差；π 为圆周率；e 为自然对数的底数；μ，σ，π，e 都是常数；X 为随机变量。若以 X 为横坐标，$f(X)$ 为纵坐标，当 μ，σ 已知时，即可按照正态分布的密度函数式来绘出正态分布曲线的图形。

正态分布有两个参数，即总体均数 μ 和总体标准差 σ。μ 是位置参数，当 σ 固定不变时，μ 越大，曲线沿横坐标越向右移动；μ 越小，曲线沿横坐标越向左移动。σ 是变异度参数，当 μ 固定不变时，σ 越大，曲线越平阔；σ 越小，曲线越尖峭。正态曲线下的面积分布有一定规律性。正态分布规律是多种参数统计分析的基础。

许多医学现象，如同质人群群体的身高、红细胞数、血红蛋白含量、胆固醇等，以及实验中的随机误差，都服从正态或近似正态分布。但也有许多医学现象，如治疗效果、血液中药物浓度、动物实验中的有效剂量等，不服从正态分布。对于待分析的抽样研究资料，应首先辨明它的概率分布类型，然后才选用适当的统计分析方法。

正态性检验就是判断一组样本数据是否来自正态总体的分析方法。医学统计中多采用矩法，通过检验峰度系数和偏度系数来验证样本资料的正态性。

二、t 检验

t 检验是用于比较样本均数与总体均数或者两个样本均数之间的数值差异是来自抽样误差还是来自不同总体的参数假设检验方法。

t 检验的应用条件是：总体参数 σ 未知且样本含量 n 较小

(如 $n<100$),要求样本来自正态分布总体;对两个样本均数进行比较时,还要求两样本所属总体的方差相等。但在实际科研设计中,与上述应用条件略有偏离时,也可采用。

三、χ^2 检验

χ^2 检验是用于比较两个或两个以上总体率(或构成比)之间有无显著性差别或分析二分类变量之间有无相关关系的非参数假设检验方法。在医学科研设计中采用的 χ^2 检验,常需将资料整理成四格表或行列表,以便代入公式计算 χ^2 值。四格表资料的特征为:具有两个处理组,按两种对立属性(如阴性与阳性,治愈和未治愈等)来组合四个格子中的数据。行列表资料的特征是:具有两个以上处理组,按两种对立属性或按两种以上相容属性(如 A 型血、B 型血、AB 型血、O 型血;痊愈、好转、无效等)来组合行×列个格子中的数据。

需要注意的是,计算 χ^2 值前,应先计算理论频数,某格子的理论频数等于所在行合计乘所在列合计除以总观察例数。当四格表数据经过计算有一个理论频数小于 5 且大于 1,而样本含量(观察例数)大于 40 时,需计算校正 χ^2 值或改用四格表资料的确切概率法计算检验假设 H_0 成立的确切概率。当有一个理论频数小于 1,或样本含量(观察例数)小于 40 时,就需直接用四格表资料的确切概率法计算检验假设 H_0 成立的确切概率。当行列表中有 1/5 以上格子的理论频数小于 5 或有一个格子的理论频数小于 1 时,可采用下述三种处理方法中的一种:①将理论频数过小的格子所在的行或列与性质相近的邻近行或列中的实际频数合并,使重新计算的理论频数增大;②删去理论频数太小的行或列;③增大样本含量以增大理论频数。当效应按强弱分为若干个级别,则按试验结果可整理为单向有序行列表。在比较各组的效应有无差别时，宜用秩和检验、Ridit 分析等；如作 χ^2 检验只说明各组构成比的差异有无统计学意义。当多个样本率或构成比比较的 χ^2 检验，其结论为拒绝检验假设时，只能认为总体率或总体构成比之间总的来说有显著性差别，但不能说明每两个率之间有显著性差别，若要对每两个率或构成比进行比较，须进行行列表的 χ^2 分割。

四、秩和检验

秩和检验是一种具有广泛适用性的非参数统计分析方法。秩和检验不依赖于总体分布的具体类型，应用时可以不考虑被研究对象为何种概率分布，尤其适用于不具备参数假设检验条件的资料以及等级资料的分析。

采用秩和检验方法可以进行两样本成组比较、两样本配对比较、多个样本比较、按等级分组资料的比较和多个样本间的两两比较。

五、Ridit 分析

Ridit 分析也是一种非参数统计分析方法。

Ridit 分析适用于有序分类的数据分析，如优、良、中、差或 +、+ +、+ + + 等。

运用 Ridit 分析方法，可以进行样本与总体的比较、两个样本或多个样本的比较。

六、方差分析

方差分析是用于比较多个样本均数之间的数值差异是来自抽

样误差还是来自不同总体的参数假设检验方法。

方差分析的基本思想是把全部观察值之间的变异（统计学上用离均差平方和与自由度的比值，即均方 MS 为指标进行量度），按科研设计需要分为两部分（处理组间的变异和处理组内的变异，即组间均方和组内均方）或三个部分（处理因素间的变异、区组因素间的变异和随机误差，即组间均方、区组均方和误差均方），选用检验统计量 F 值（F 值等于组间均方与组内均方之比，或组间均方与误差均方之比，或区组均方与误差均方之比），通过 F 值与临界值的比较作出多个样本均数之间的数值差异是来自抽样误差还是来自不同总体的统计学判断。

方差分析的应用条件是：各组样本数据服从正态分布和各组数据的总体方差相等。但在实际科研设计中，与上述应用条件略有偏离时，也可采用。

七、一元相关回归分析

一元相关分析，又称为直线相关分析。因为这种相关分析只局限于分析两个变量之间的直线相关关系。相关分析的目的，一是考察两个变量之间是否存在相关分析；二是考察在有相关时，相关方向的正负（用相关系数的正负来表示）及相关的密切程度（用相关系数的大小来衡量）。

一元回归分析，又称直线回归分析。回归分析是在两变量有相关关系的前提下，用直线方程来描述两变量在数量上的依存关系。

做一元相关与回归分析要求两变量（X 与 Y）服从于双变量正态分布。一元相关与回归分析的结论只适用于样本资料所在的总体。例如，儿童的身高和年龄的关系中，在 $1\sim7$ 岁范围内近似地呈直线关系，超出这个范围就不是直线关系。两变量具有相关关系，只是为揭示两变量间的因果关系提供了统计学信息，若需证实其具有医学意义的因果关系还要进行大量的研究工作。

对于不符合正态分布的资料，可以采用秩相关法求等级相关系数，即不用原始数据计算相关系数，而是按其取值由小到大排序次（统计术语称为秩次），然后根据秩次来计算秩相关系数。

对于不属于直线关系而属于曲线关系的两个随机变量，如药物在体内浓度与时间的关系，儿童的生长发育与年龄的关系等，可采用曲线配合，使曲线直线化。曲线直线化是通过某种数据变换使曲线方程转化为直线方程的数学方法。常用的数据变换方法有对数变换、倒数变换、平方根变换等。

八、多元线性回归分析

多元线性回归分析是一元线性回归分析的推广。医学科研设计中经常会遇到疾病的转归（因变量 Y）受到多个影响因素（自变量 X_i, $i=1, 2, \ldots, n$）影响的情形。例如，一个人的收缩压受到年龄、饮食、锻炼及遗传等许多因素的影响。采用多元线性回归分析把多个单一因素综合起来进行量化分析，从而起到更有效地预报、控制及识别影响因素的作用。

九、Logistic 回归分析

在医学科研设计中经常遇到如阳性与阴性、治愈与未愈、生存与死亡、发病与未发病这样的二值变量资料。多元线性回归在分析多个自变量与一个因变量的数量关系时，要求因变量 Y 是连续型随机变量，且服从正态分布。但对于二值变量资料，由于因变量 Y 的取值只有 1 和 0 两个数值（当出现阳性结果时赋值 $Y=1$，否则赋值 $Y=0$），这显然不满足正态分布，因此，就不能采用多元回归分析方法，而需改用 Logistic 回归分析。

Logistic 回归是一种适用于因变量为二值变量的多因素曲线回归模型。Logistic 回归分析在医学科研设计中常用于评价治疗措施的效果以及筛选与疾病预后有关的因素。

十、Cox 比例危险率回归分析

Cox 比例危险率回归分析是由 Cox 于 1972 年提出的以顺序统计量为基础的曲线回归模型。在医学科研设计中，有时对病人治疗效果的评价要用时间长短来衡量，如肺炎病人从治疗开始到退烧所需时间、某癌症病人手术后的生存期、白血病人化疗后的缓解期等，这类时间统称为生存时间。生存时间的长短与治疗措施、病人体质、病情轻重及机体免疫状况有关。我们把这些自变量统称为预后因素。由于时间 t 往往不满足正态分布和方差齐性的要求，故不能用多元线性回归来分析生存时间与预后因素之间的关系。由于 Cox 比例危险率回归模型对生存时间的分布类型没有严格要求，故采用 Cox 比例危险率回归分析来处理生存时间与预后因素之间的关系是十分便利的。

十一、协方差分析

医学科研设计的重要任务之一就是尽力排除非处理因素的干扰，从而准确获得处理因素的试验效应。但在某些实际问题中，有些因素难以控制，如比较两种药物治疗高血压的疗效，如果两组患者年龄分布不同，则必须考虑年龄对舒张压的影响。这里的年龄因素就是一种混杂因素，在统计分析中又称为协变量。若忽视协变量的作用，直接对资料进行 t 检验或方差分析，就会因为混杂因素的影响而得出片面的结论。

协方差分析是将直线回归和方差分析结合应用的一种统计方法,其目的是用来消除混杂因素对分析指标的影响。它的基本思想是在作两组或多组均数 Y_1, Y_2, $\cdots$, Y_k 的假设检验前,用直线回归方法找出各组 Y 与协变量 X 之间的数量关系,求得在假定 X 相等时的修正均数 Y_1', Y_2', $\cdots$, Y_k',然后用方差分析比较修正均数之间的差别。

协方差分析可以用于完全随机设计、随机区组设计拉丁方设计、析因设计等资料,协变量可以是一个或多个。进行协方差分析时应具备两个条件,即 X 与 Y 的线性关系成立,而且不同处理间的 X 推导 Y 的总体回归系数应相等。

十二、逐步回归分析

逐步回归分析是在多元线性回归的基础上为建立"最优回归方程"而采用的多因素分析方法。由于多元线性回归方程在选取自变量时没有验证每个自变量在回归方程中的作用,故不能保证所选取的所有自变量均有最好的回归效果。

逐步回归分析法是将偏回归平方和检验结果有显著意义的自变量因子逐次引入方程内,每引入一个新自变量因子的同时,对旧自变量因子逐个检验其偏回归平方和的显著性,如果某自变量因子的偏回归平方和经检验变为不显著时,就将该自变量因子从回归方程中剔除。直到既没有新的自变量因子进入又没有已进入方程的自变量因子被剔除为止。由于每一步都对偏回归平方和做方差分析,故可以保证最后所得的回归方程中所有自变量因子都是显著的,从而建立起具有主要影响因素筛选作用和预测作用的最优回归方程。

十三、主成分分析

主成分分析方法是将多个评价指标优化为少数综合指标的数学方法。在效果评价方面的医学科研中,许多评价指标是相关的,因此,可以采用较少的综合指标来代替原来较多的指标。这些综合指标可以尽可能地反映原指标的信息,而且彼此相互独立。综合指标与原指标呈线性关系。

十四、判别分析

在医学科研中经常会遇到判别问题。如医生需要根据病人的症状、体征及医学检查结果来判别所患疾病,根据心向量图的测定结果对心脏功能进行分级,根据一个人的生理特点、生活习惯及遗传素质来判别是否对某种疾病具有高危险性。解决这类判别问题就需要采用判别分析。

判别分析是类别明确的一种分类技术。在医学科研设计中,判别分析可用于临床鉴别诊断、病理切片和医学影像的分类、定级以及生药真伪的辨认等。

十五、聚类分析

聚类分析法是对评价指标进行分类的数学方法。可以从指标的代表性与独立性的角度筛选指标。一般采用系统聚类方法,常用统计量是距离系数和角度系数,从指标之间的相关矩阵出发,对指标进行聚类,根据指标体系系统不重复的原则,筛选保留每类指标中代表性较大的指标。比如通过聚类分析,可以得到反映医院医疗质量的几大类指标(诊断质量、治疗质量、检验质量、护理质量、危重病人抢救质量、疑难病人会诊质量等)。在这几大类指标中再进行聚类，得出亚层指标的分类，在各亚层指标中筛选保留最有代表性的指标，这样可以减少指标的数量而保证指标的代表性和独立性。但是聚类分析法必须有大量的实际调查数据才能进行分析，因此可行性较差。

十六、因子分析

因子分析法是主成分分析法的发展，通过数学方法计算出旋转后因子载荷矩阵，并分析衡量综合性指标的相对重要性以及原指标对综合指标的贡献大小，从而筛选保留对综合指标贡献较大的原指标。该方法不仅可以从代表性与独立性的角度筛选指标，而且可以构成综合性指标，被认为是目前比较满意的筛选指标的方法。例如对儿童生长发育进行评价时，可以把许多测量指标概括为形体指标、生理指标与心理发育指标三大类，每一类用一个公因子作代表。每一名儿童的所有测量指标都可以转化成这样三个公因子，然后根据这三个公因子的得分高低对其发育状况作出评价，从而避免了对多个观察指标直接进行评价的麻烦。

第二节 其他量化分析方法

一、层次分析方法

层次分析法是对非定量事件做定量分析的一种数学模型，是对人们的主观判断做客观描述的一种有效方法。其特点是把一个复杂的问题按目标、准则、方案分层，在每一层中进行两两比较，构成判断矩阵，求解判断矩阵的特征根和特征向量，从而确定指标体系各层指标的权重系数。层次分析法又分为传统的层次分析法和改进的层次分析法。

（一）传统的层次分析法

采用层内指标的两两比较及 1～9 的标度构成判断矩阵，实际使用较困难，不易被专家接受和理解，还常常构成不一致的判断矩阵。

（二）改进的层次分析法

为了弥补传统层次分析法的不足，人们提出了一系列改进的意见，主要改进有以下几个方面：①采用间接方法给出判断矩阵。采用三标度（0，1，2）数值来判断同一层次各指标的重要性，给出三标度的比较矩阵，再利用数学变换将三标度的比较矩阵转换成九标度的间接判断矩阵。此法简便易行，易于被专家理解和接受，减少了判断不一致的情况。②用比较矩阵代替两两判断矩阵。结合特尔裴法，让专家对与一层次相关指标的评分做两两比较，得到比较矩阵，以之代替两两判断矩阵。该法可直接应用特尔裴法中专家对各层指标的评分，不需要组织专家做 1～9 标度的两两比较，简单易行。③混全因素群体层次分析法。与特尔裴法特密结合，使 AHP 法建立在专家群体评价与信息反馈的基础上，不仅能更大限度地获取信息，还能对判断不一致的情况做及时调整，经 2 或 3 轮信息反馈，使专家的综合判断矩阵趋于一致，从而减少了判断不一致的情况，提高了 AHP 法的可靠性。④利用数学上最优传递矩阵的概念，提出并证明了一种不需要进行一致性检验、一次性求出权重系数的方法，从而避免了调整判断矩阵的盲目性。

二、模糊数学方法

模糊数学是60年代兴起的一门学科。模糊数学就是用数学方法研究和处理具有模糊性现象的数学。所谓模糊性是指客观事物差异的中间过渡的"不明确性"。在人们的日常思维中,常常存在着许多没有明确内涵和外延、无法加以明确描述的、不能用简单的"是"与"否"来回答的概念。我们称这些概念为模糊概念。精确性与模糊性的矛盾在科学研究中十分普遍。事物的复杂程度愈高,人们对它进行精确描述的困难程度也就愈大。模糊数学的产生为解决这个矛盾提供了有效的工具。在医学科研中,我们常常要处理一些带有模糊性的研究课题,如药物疗效的好坏、治疗方案的优劣、医疗质量的高低等。这些研究课题中所提出的"好坏"、"优劣"、"高低"等评价问题都没有绝对分明的界限。而这类带有模糊性的优劣排序问题,正是模糊数学所要解决的问题。运用模糊数学进行综合评价的基本思想是:先建立一个模糊数学模型,再综合评价各种因素,将评价对象给出数量化的分值,使原来难以比较的事物可以比较。用数学语言来说,就是用隶属度 m 来度量被评判的事物 x 隶属于某种评价量级的程度,用隶属函数 $u(x)=m$ 来描述 x 与 m 之间的对应关系。由于隶属函数的取值范围为 $[0,1]$ 闭区间,这样,我们就可以定量地描述模糊集合,充分利用数字的序列性、区分性、等级性、可靠性等优点,根据最大隶属度原则对模糊概念作出评判。

三、灰色系统方法

信息完全明确的系统可称为白色系统,信息基本不明确的系统可称为黑色系统,而介于白与黑之间、信息不完全、内涵不确定、关系不明确的一类系统，则可称为灰色系统。由华中理工大学邓聚龙教授于 1982 年创立的灰色系统理论已被国内外理论界誉为未来学和管理学的基础。灰色系统理论作为一门横断面大、渗透性强的新兴边缘学科，在医学科学研究中，不乏有成功的应用。灰色系统理论是系统控制论发展的产物，它为我们在医学科学研究中进行科学预测、系统分析和总体规划等科学决策提供了新的方法和途径。下面从 5 个方面介绍灰色系统理论在医学科学定量研究中的应用。

（一）系统分析

灰色系统理论中的系统分析是一种系统的关联度分析方法。它是根据因素之间发展态势的相似或相异程度来衡量因素间的关联程度。它实际上是动态过程发展态势的量化分析，是寻找衡量因素间关联程度大小的量化方法。在获得了系统行为量化的映射量后，运用关联度分析法，就可以分析出在系统中各因素的主次地位。

（二）系统建模

灰色系统理论的核心问题是建立了微分方程型的动态模型——灰色动态模型（基本模型为 GM (1，1)），从而解决了医学科研预测中所迫切需要解决的微分方程模型问题。灰色系统理论中的系统建模是一种定性与定量相结合的分阶段建模方法，在内容上包括系统定性分析、因素分析、初步量化、动态量化和优化等五个步骤。

（三）灰色预测

灰色预测是用灰色模型 GM (1，1) 进行的预测。灰色预测按其功用与特征可分为五种：①数列预测。指对某个事物发展变化的大小与时间所作的预测。②灾变预测。指对异常值的预测。③季节灾变预测。指对异常值发生在一年中某个季节或某个特定时区内的预测。④拓扑预测。又称波形预测和整体预测，它是用GM（1，1）模型预测某事物在未来发展变化的整个波形。⑤系统综合预测。是指对多个因素组成的系统发展变化的预测，亦称多因素关联预测。

(四) 灰色决策

所谓决策，是指选定一个合适的对策，去对付某个事件的发生，以取得最佳效果。灰色决策是引入灰色优度与灰色劣度的概念，利用灰色模型尤其是GM（1，1）模型作出的。

(五) 灰色控制

决策的执行称为控制。所谓灰色控制是指本征性灰色系统的控制，或系统中含有灰参数的控制。灰色控制是一种着眼于未来、立足于预测、防患于未然的新型控制。把灰色控制理论引入医学科研设计中的效果控制、质量控制等领域，必将获得满意的效果。

第四章 医学研究中的误差及其控制

科学研究的目标是揭示事物发生发展的内在规律,但科学研究总是受到各种因素的影响与条件的制约,导致研究结果与事物的真实值之间有一定的差异,这种差异称为误差。因此,在进行科学研究的过程中,如何认识误差并控制误差将具有非常重要的意义。

第一节 误差的种类

分析结果与真实值之间的差值称为误差。分析结果大于真实值,误差为正;分析结果小于真实值,误差为负。

根据误差的性质与产生的原因,可将误差分为系统误差、随机误差和过失误差。

(1) 系统误差。指的是由某种固定的原因所造成的,使测定结果系统性偏高或偏低,在重复测量时,它会重复出现。这种误差的大小、正负是可以测定的,所以又称为可测误差。

(2) 随机误差。也称不可定误差,指的是由不确定原因引起的测量值与真实值之间的差异。

(3) 过失误差。指的是由于研究者粗心大意,或不按操作规程所产生的错误。例如,溶液溅失、读错刻度、记录和计算错误等等。这些都是不应有的过失。通常,只要我们在操作过程中认真细心,严格遵守操作规程,这种错误是可以避免的。在分析工作中,当出现较大的误差时,应查明原因,如系由过失所引起的错误,则应将该次测定结果弃去不用。

第二节 误差的测量及其表示方法

误差可分为绝对误差和相对误差。若以 x 代表测量值，μ 代表真值，则绝对误差 σ 为：

$$\sigma = x - \mu$$

例如，称得某一物体的重量为 $1.638\ 0g$，而该物体的真实重量为 $1.638\ 1g$，则其绝对误差为：

$$\sigma = 1.638\ 0 - 1.638\ 1 = -0.000\ 1g$$

若有另一物体的真实重量为 $0.163\ 8g$，测量得出的结果为 $0.163\ 7g$，则称量的绝对误差为：

$$\sigma = 0.163\ 7 - 0.163\ 8 = -0.000\ 1g$$

两个物体的重量相差 10 倍，但测量的绝对误差值皆为 $-0.000\ 1g$，二者的误差是否一样呢？

这时必须考虑到误差在结果中所占的比例，即相对误差的大小。相对误差是指绝对误差在真实值中所占的百分比。在上例中，相对误差分别等于：

$$-0.000\ 1/1.638\ 1 \times 100\% = -0.006\%$$
$$-0.000\ 1/0.163\ 8 \times 100\% = -0.06\%$$

由此可见，两物体称量的绝对误差相等，但它们的相对误差并不相同。相对误差要比绝对误差更能体现事物间误差大小的程度。绝对误差和相对误差都有正值和负值。正值表示测定结果偏高，负值表示测定结果偏低。

表示误差大小的指标有如下几种：

一、准确度

指测量值与真实值接近的程度。测量值与真实值越接近，误差越小,即准确度越高。常通过回收率来表示。

回收率=[(标本+加入量)-标本中的量]/加入量

例4-1 为了研究用原子光谱吸收法测定血清铜的准确度而进行回收试验,取8份标本,每份分成两部分,其中一部分加入铜2 μg/L,测定结果如表4-1:

表4-1 血清铜的测定及回收试验

μg/L

标本号	标本测定结果	加入铜2 μg/L后的测定结果	回收率/%
1	1.92	3.91	99.5
2	1.16	3.18	101.0
3	1.68	3.70	101.0
4	1.14	3.12	99.0
5	1.40	3.36	98.0
6	1.11	3.15	102.0
7	1.12	3.12	100.0
8	1.18	3.21	101.5

其中:1号标本的回收率=(3.91-1.92)/2=1.99/2=99.5%。同理,将1~8号标本的回收率全部计算出,可见回收率在98%~102%之间($X \pm s = 100.25\% \pm 1.36\%$),表明该试验准确度比较高。

二、精密度

指在相同条件下多次测量结果相互接近的程度。

(1)精密度可用"偏差"来表示。偏差越小说明测定结果的精密度越高。偏差又分为绝对偏差和相对偏差。

若以 d 表示绝对偏差,$\bar{X}$ 表示多次测定结果的算术平均值,则 $d = X - \bar{X}$。

平均偏差为:$\bar{d} = \sum |X - \bar{X}|/n$,式中 n 为测定次数。

相对平均偏差:$d\% = \bar{d}/\bar{X} \times 100\%$

例 4-2 测定碱液样品中 NaOH 含量,共分析 3 次,其结果分别为 30.18%,30.22% 和 30.21%,求其绝对偏差和相对偏差。

解:算术平均值:$\bar{X} = (30.18\% + 30.22\% + 30.21\%)/3$
$= 30.20\%$;

绝对偏差分别为:-0.02,$+0.02$,$+0.01$;

平均偏差:$\bar{d} = (|-0.02| + |0.02| + |0.01|)/3$
$= 0.02\%$;

相对平均偏差:$d\% = 0.02/30.20 \times 100\% = 0.7\%$。

(2) 精密度也可以用标准差(s)和变异系数($CV\%$)来表示。s 值越大表示各测定值离均差越大,精密度不好;相反则表示重复性好,精密度高。但是 s 尚受到均值大小的影响,故只看 s 的大小不考虑其均值的大小,尚不能正确判断,因此必须由 s 和 $\bar{X}$ 计算出变异系数($CV\%$),才能估计其相对精密度。估计 $CV\%$ 可进行批内和批间两种重复试验:①批内重复试验。包括对同一份样品的多次测量。例如对同一份葡萄糖标准液,同时测定 20 次,其平均值 $\bar{X} = 210$ mg,标准差 $s = 5.11$ mg,则其 $CV\% = 5.11/210 = 2.43\%$。批内重复试验亦包括工作中对同批或同类样品进行的测定。②批间重复试验。对不同的标本,在一定时期内进行重复测定,分别计算其 $\bar{X}$,s 和 $CV\%$。

例 4-3 对 4 份羊水,每天分别测定其 AFP 含量,其测定 10 天的结果列于表 4-2。

表 4-2 四份羊水 AFP 的连续测定结果

μg/ml

测定时间	1号标本	2号标本	3号标本	4号标本
1	15 900	10 500	6 000	4 300
2	16 500	10 000	5 800	4 200
3	15 400	10 400	5 600	4 800
4	16 000	10 300	6 300	4 500
5	15 500	9 900	6 500	4 400
6	15 300	9 800	6 200	4 600
7	16 300	10 100	5 900	4 400
8	16 400	9 800	5 700	4 500
9	15 500	9 700	6 100	5 000
10	16 100	9 800	6 150	4 800
$\bar{X}$	15 890	10 030	6 025	4 550
S	440.80	283.03	280.13	250.56
CV%	2.77%	2.82%	4.65%	5.51%

1号标本的标准差最大，表明其批内精密度较差，但比较 4 个标本的测量结果，1 号标本相对来说更稳定，其变异系数最小，批间精密度较好。

三、灵敏度

灵敏度指用来评价某方法的最小检测量的指标。其中除了方法本身的反应敏感性外，尚包括仪器的敏感性能。常用的表示方法有下列 3 种：

（1）摩尔吸光度"E_{mol}^{1cm}"。例如在测定胆固醇方法中，醋酐硫酸反应法的 E_{mol}^{1cm} 是 1.693×10^3，高铁反应法的 E_{mol}^{1cm} 是 9.666×10^3，表示后者的灵敏度相当于前者的 5.7 倍。

(2) 标准曲线的斜率"b"。b 越大（$b=y/x$）表示每增加小剂量（x）的待测物，即可反应出较大的读数（y），因此 b 亦可反映出方法的灵敏度。

(3) 能反映出可信读数的最小待物量（即检出限）。例如，一般可见光度法检测的最小待测物量为 $10^{-4} \sim 10^{-5}$ g，荧光光度法可检测 $10^{-6} \sim 10^{-7}$ g，而放免法可检测 $10^{-9} \sim 10^{-11}$ g，表示它们的灵敏度依次相应提高 10^2 倍和 10^5 倍，可见这些方法中以放免法的灵敏度最高。

四、特异性

特异性指分析方法只对待测物质起反应，不与其他化合物起反应。如果待测物不是酶，则一般是采用试剂和标本空白排除试剂和标本二者本身的干扰因素；如果是测定某一种酶，则可用不加入底物的标本空白（在酶促反应终止后加入底物）排除其他酶促反应物的干扰和标本中原有待测产物的影响。如测定红细胞中的酯酶 D，则需用溶血样品作为空白排除血红蛋白的色素干扰。如测定胆碱酯酶，则加入新斯的明排除非胆碱酶的干扰等。

第三节　系统误差

系统误差是影响分析结果真实性的主要原因。通过了解它的表现形式，可以探讨其可能的变化规律；通过认识可能产生系统误差的根源，并采用统计学方法检验是否存在系统误差，将有利于采取措施对系统误差进行校正和控制。

一、系统误差的表现形式

(一) 恒定系统误差

实验方法的恒定系统误差表现为测定结果有固定偏向,若改变测定条件,系统误差的偏向与大小会随之改变。例如,同时用两台仪器A和B测定同一样品,A经校正而B未经校正,可以发现B总比A的测定值向性偏大或偏小;如果用这两台仪器同时测定a与b两个同质样品,然后交换样品再测定一次,就会发现a与b的测定值出现相反方向的变化。

(二) 线性系统误差

线性系统误差是指测定误差与测定时间存在线性关系,可以根据测定值随测定时间不同而呈现较明显的趋向性来识别。线性系统误差产生的原因多是测定条件随时间延续发生了改变,有时也由于测定物本身起了变化。

(三) 周期性系统误差

周期性系统误差的大小和方向呈现较明显的周期性变化,多数情况下也是因测定条件的周期性改变而引起。如果两个周期内有微小的波动,则表明同时存在随机误差的影响。例如,周期性温度变化可使对温度敏感的待测物的测定结果产生周期性改变。因此,周期性系统误差主要是依据测定值的周期性变化来识别。

(四) 非线性系统误差

测定误差随测定时间的变化而呈现某种曲线变化的趋势,称为非线性系统误差。这种系统误差的变化规律一般较难识别,其原因也较复杂。

二、系统误差的来源

导致系统误差的原因很多，可分为客观和主观两个方面。在一次实验中，一般总以某种原因为主。当实验者发现有系统误差存在时，应结合本次实验的条件和程序，努力寻找导致系统误差的主要原因。在实际工作中可以从以下几方面来检查。系统误差产生的主要原因有：

(一) 方法误差

方法误差由于分析方法不完善而引起的。例如，在重量分析中，由于沉淀物的溶解或有沉淀现象而产生的误差；在滴定分析中，反应进行不完全，干扰离子的影响，滴定终点和化学计量点不符合等，都会系统地影响测定结果。

(二) 仪器误差

仪器误差是由于仪器不精确所引起的。如砝码重量、容量器皿刻度和仪表刻度不够准确等。

(三) 试剂误差

试剂误差是由试剂不纯或蒸馏水中含有微量杂质所引起的误差。

(四) 实验室环境条件误差

有些实验，特别是微量分析，要求环境条件非常严格。温度、湿度、通风、照明、振动（包括噪音）均可对称量、反应、读数、测定物的获取等产生影响。

(五) 操作误差

操作误差主要是指正常操作情况下,由于分析工作者掌握操作规程与正确控制条件稍有出入而引起的。例如,滴定管读数偏高或偏低,对某种颜色的变化辨别不够敏锐等所造成的误差。

三、系统误差的统计检验方法

应用统计分析方法发现系统误差,是判断系统误差是否存在的必要程序。通常,按测定顺序(时间)或测定条件,把测定值描绘在直角坐标系内,观察散点在特定顺序或测定条件变换后,其分布情况有何改变,再通过统计分析方法作出推断。

(一) 正态性检验

随机误差是符合正态分布的。多次重复测定同一样品,其测定值的分布也是接近正态分布的。因此,可以应用正态性检验法来检验重复测定值的分布。若测定过程不存在系统误差,重复测定值的正态性检验结果应接受正态分布的假设;否则将判定存在系统误差。

例 4-4 对某变量进行了 12 次测量,得到其平均值为 123.4,标准差为 8.7,而已知该变量得真实值为 120.0。问:该测量是否存在系统误差?

解:$H_0: \mu = 120$,t 检验 $t = (\bar{x} - \mu_0) / (\delta/\sqrt{n})$

$\quad = (123.4 - 120) / (8.7/\sqrt{12}) = 1.35$

查 t 值表,自由度 $df = n - 1 = 12 - 1 = 11$,$p > 0.05$,接受 H_0,即不能认为该测量有系统误差。

(二) 实验室间（批间）系统误差的检验

在相同条件下，由两个或两个以上实验室或检验人员同时重复测定一份标准样品，可通过对测定结果进行单因素方差分析，来判断是否存在系统误差。若室间（批间）变异量数经 F 检验未获得有显著性意义，则用计算出 S_B 来表示室间精密度。如果室间（批间）变异经 F 检验有显著性，说明室间测定结果的波动不能用随机误差来进行解释，而推断存在系统误差。

(三) 回归方程检验系统误差

通过两种实验方法的对比建立回归方程来检验系统误差。取几份不同量的标准品，用参考分析方法和被检验分析方法同时进行测定，可得到多组对应的测定值，令参考方法测定结果为 y，被考察方法测定结果为 x，可以建立 y 依 x 的回归议程 $\hat{y}=a+bx$。如果被考察方法不存在系统误差，理论回归方程之回归系数的总体参数 $\beta=1$，$\alpha=0$。考虑到在有限次测定中，随机因素可引起测定值波动，就应对 b 与 a 作统计检验。若 b 显著地区别于 1，表明有与被测物含量呈一定关系的比例系统误差；若 a 显著地区别于 0，表明存在有与被测物含量无关的被考察方法的恒定系统误差。因而可以用 b 与 a 对检验分析的测定结果进行校正。

对 b 进行显著性检验用：

$$t = (b-1)/S_b$$

对 a 进行显著性检验用：

$$t = (a-0)/S_a$$

式中，S_b 和 S_a 的意义和计算方法请参阅统计学中直线回归方程的显著性检验。如果 $p>0.05$，即可认为测定结果之间不存在系统误差。

四、系统误差的校正

引起系统误差的原因很复杂,实验者通常难以从技术上找到肯定的原因,因此在测定之前采取适当措施来防止系统误差的产生是至关重要的。如选用高纯度试剂、引进高精度及高灵敏度分析仪器、严格选择和控制最佳测定条件、对检验人员进行培训、实行实验室质量控制等,具体措施应根据具体情况加以考虑。在暂时不能改善实验室技术条件的情况下,也可以对试验次序实行随机化安排,交换测定中的某些条件等,使系统误差得以抵消。在完成测定以后,主要是采用适当的方法对系统误差进行校正。

(一) 引入校正值

利用回收试验获得的"回收率"K,可以计算实验方法的系统误差校正值 C_E。

$$C_E = (1 - K) \times 加入标准品重$$

校正值 C_E 可正可负,能反映加入定量标准品的恒定系统误差。若测定值为 X,则校正后的测定值

$$X_C = X + C_E$$

应用校正值时,应注意,对一类试样求得的校正值,不能随便用来对不同类型试样的测定结果进行校正,这是因为实验方法对不同类型试样造成的系统误差一般是不同的。

(二) 应用回归分析进行校正

对于由操作和测定条件引起的系统误差,如果保持实验原来的测定条件不变,只重复测定原样品是不能发现系统误差的。但当改变原来条件或测定不同样品时,测定结果的变化就可能提示系统误差的存在。因此,通过有规律地变更测定条件(或变更加

入标准品的浓度量),与相应测定结果建立回归关系,求出回归方程参数估计值,就可以用来对测定结果进行校正。

(1) 以标准品浓度为 x、测定结果为 y 建立的回归方程:

$$\hat{y} = a + bx$$

参数估计值 a 代表加入标准品浓度无关的操作误差,可称空白误差或恒定误差;b 是加入标准品浓度线性范围内的比例误差或恒定系数。如果 a 经统计检验有显著性意义,说明 a 可作为恒定系统误差校正值引入测定值。

(2) 如果对同一标准品有规律地变更测定条件,并以测定条件为 x,测定值为 y 建立回归方程:

$$\hat{y} = a + bx$$

其中:a 是与实验者欲考察的测定条件无关的操作误差;b 是测定值在测定条件线性范围内随测定条件改变的变化率。

测定条件的变化若对测定值无影响,b 与其总体参数 $\beta = 0$ 的差别经统计学检验应无显著性意义;若 b 经统计学检验有显著性意义,$p < 0.05$,则说明 b 是与测定条件变化有关的比例系统误差系数。

例 4-5 某儿童医院检验科用国产酶试剂测定血中乳酸浓度,取 5 种加入标准品量作了回收试验,并将结果列于表 4-3 中。试通过回归分析计算恒定系统误差和比例系统误差。本例以加入量作 x,用加标后测定值与标本含量差值作 y,进行回归分析,得到下列回归方程:

$$\hat{y} = 0.628\,7 + 0.893\,4\,x$$

其中:0.628 7 是该实验方法的恒定系统误差,是与加入量无关的操作误差;0.893 4 是加入量为 3~24(md/dl)范围内该实验的比例系统误差系数,即加入标准品乳酸每增加 1 mg/dl,其回收值增加 0.893 4 mg/dl。

表4-3 国产酶试剂测定血乳酸浓度的方法回收试验结果

mg/dl

标本号	标本含量	加入量	加标后测定值	加标后测定值-标本含量	回收率/%
1	19.93	3	22.87	2.94	98.00
2	16.93	6	23.07	6.14	102.33
3	3.78	12	15.49	11.71	97.58
4	22.38	18	39.21	16.83	93.50
5	34.83	24	56.64	21.81	90.88

五、消除系统误差的方法

(1) 对照试验。用纯净物质或已知含量的标准试样作为样品，按所选用的测定方法，以同样条件、同样试剂进行分析。由分析结果与已知含量的差值便可得出分析的误差并加以校正。用纯净物质作样品进行对照试验，不如用标准试样好，因为纯净物质中不存在样品中的非被测成分，情况和实际不同。

(2) 回收试验。进行对照试验时，如果对试样的组成不完全清楚，则可以采用回收试验。这种方法是向试样或标准试样中加入含已知量被测组分的纯净物质，然后进行对照试验，根据加入的被测组分能否定量回收，判断分析过程是否存在系统误差。

(3) 校正仪器。仪器误差可通过校准仪器来加以减免。如对砝码、滴定管、量容器和移液管进行校准。

(4) 空白试验。试剂误差可做空白试验加以校正。所谓空白试验，就是在不加试样的情况下，按照试样的分析步骤和条件所进行的试验。所得结果称为空白值。从样品分析结果扣除空白值后，就得到比较可靠的分析结果。

第四节 随机误差

随机误差指多次测量同一事物,误差的绝对值和符号以不可预定的方式变化的误差。它是由大量随机性因素造成的,产生这类误差的原因常常难于觉察,可能由于室温、气压、湿度等微小波动所引起。对一个量进行较少次数的测定时,这种误差的大小、正负不定,似乎无规律。人们经大量的实践发现当测量次数很多时,随机误差的分布服从一般正态分布的统计规律。如,大小相等的正、负误差出现的概率相等;小误差出现的概率大,大误差出现的概率小;随着测定次数的增加,随机误差的算术平均值将逐渐接近于零。因此,多次测定结果的平均值更接近于真值。

对随机误差,可通过采用普查或抽样调查的方法,扩大样本量来加以控制。

第五节 离群值的发现

定量分析工作中,在校正系统误差之后,要把测得的数据加以整理,舍去与其他数据偏离较远的个别数据。这些偏离较远的数据叫可疑值(离群值),常用统计学的方法来判断可疑值的取舍。

一、正态法

假定所测量的变量服从正态分布,如果某个测量值与平均值之差超过 3 倍标准差,则该测量值可被认为是一个离群值。

即:$|X_m - \bar{X}| > 3s$,则认为 X_m 是一个离群值。

当测量的次数或样本量较大,且精度要求不高时,可采用正态法进行估计。当样本量 $n<30$ 时,结论推断的第 II 类误差概率较大;当 $n<10$ 时,就不能用本方法来推断离群值。

二、Q 检验法

当测定次数 $n = 3 \sim 10$ 时,根据所要求的置信度(如取 90%),按下述步骤检验可疑值是否可以弃去。

(1) 将所有测定数据按递增的顺序排列:X_1,X_2,X_3…X_n,设 X_n 可能是可疑值。

(2) 计算统计量,Q 进行判断。统计量 Q 叫"舍弃商",Q 值为:

$$Q = (X_n - X_{n-1}) / (X_n - X_1)$$

式中,分子为可疑值与其相邻的一个测量值的差值,分母是整个数据中最大测量值与最小测量值之差。

(3) 先定置信度 p,由 Q 值表中查出 $Q_{(p,n)}$ 值,若 $Q \geqslant Q_{(p,n)}$ 时,可疑值即应弃去;反之,应予以保留。

表 4-4　Q 值表

测定次数(n)	3	4	5	6	7	8	9	10
$Q_{0.90}$	0.94	0.76	0.64	0.56	0.51	0.47	0.44	0.41
$Q_{0.95}$	1.53	1.05	0.86	0.76	0.69	0.64	0.60	0.58

例 4-6　分析石灰石中铁含量,4 次测得的结果分别为:1.61%,1.53%,1.54% 和 1.83%。问上述 1.83% 数值是否应该舍弃。(用 Q 检验法进行判断,设置信度为 95%)

解:4 次测定结果递增顺序为:1.53%,1.54%,1.61%,

1.83%；

代入：$Q = (X_n - X_{n-1})/(X_n - X_1)$；

得：$Q = (1.83 - 1.61)/(1.83 - 1.53) = 0.73$。

查 Q 值表可知，$n = 4$，$Q_{0.95} = 1.05$，$0.73 < 1.05$。故 1.83% 此数据应保留。说明上述 4 次测定结果无可弃值。

三、格鲁布斯（Grubbs）检验法

应用 Grubbs 检验法处理数据时，其步骤如下：

（1）在一组测定值中只有一个可疑值的情况下：

设有 n 个测定值，其递增顺序为：X_1，X_2，$X_3 \cdots X_n$。其中 X_n 可能是可疑值，统计量计算式为：

$$G = (X_n - \bar{X})/s, \bar{X} 为平均值，s 为标准差$$

（2）选定置信度 p，根据测定次数 n，由表查出 $G_{p,n}$ 值。若 $G \geq G_{p,n}$ 时，则可疑值就舍去；否则应保留。

表 4-5 95% 置信水准的 G 临界值表

测量次数（n）	3	4	5	6	7	8	9	10
$G_{0.95}$	1.15	1.48	1.71	1.89	2.02	2.13	2.21	2.29

例 4-7 用 Grubbs 法判断例 6 中的测定数据，可疑值 1.83% 是否应该弃去（选择 95% 的置信度）？

解：例 6 中 4 次测定结果的平均值 $\bar{X} = 1.63\%$，标准差为 0.14；

根据 $G = (X_n - \bar{x})/S$；

得 $G = (1.83 - 1.63)/0.14 = 1.43$；

查表，当 $n = 4$ 时，$G_{0.95} = 1.48$，$1.43 < 1.48$，故 1.83% 数值应予保留。

第六节 有效数字及其运算规则

在分析测量工作中,为了得到准确的分析结果,不仅要准确地测量,而且还要正确地记录和计算,常涉及用什么单位、取多少位小数等。为此,就必须引入有效数字的概念,并了解有效数字的修约和运算规则。

一、有效数字

有效数字指的是实际上能测量到的数字。记录数据和计算结果时应该保留多少位数字,须根据测定方法和使用仪器的准确程度来确定。在记录和计算结果时,所保留的数字中,只有最后一位是欠准的,欠准程度为±1。例如,用万分之一的分析天平称得某物体的重量为 0.204 8 g,这些数字中,0.204 是准确的,最后一位数字"8"是欠准的,可能有±1个单位的误差,即其实际重量是在 0.204 8±0.000 1 g 范围内的某一数值。又如,用 50 ml 量杯量取 25 ml 溶液,应写成 25 ml,即两位有效数字,因为末位 5 是估计的,可能有±1 ml 的误差。而使用 25 ml 滴定管量取 25 ml 溶液,应写成 25.00 ml,即四位有效数字,因为小数点后第 2 位的"0"才可能有±1 的误差,即±0.01 ml 的误差。

必须指出,如果数据中有"0"时,应分析具体情况,它可能是有效数字,也可能不是有效数字。例如,在 1.000 2 g 中的 3 个"0",都是有效数字,所以 1.000 2 g 是 5 位有效数字。但在 0.098 0 g 中,8 后面的"0"是有效数字,而 9 前面的两个"0"不是有效数字,只表示该物体的重量小于十分之一克,即仅起定位的作用,所以 0.098 0 g 是 3 位有效数字。对于很大或很小的数字用"0"表示位数不方便,可用 10 的方次表示。例如

0.000 36 g 可以写成 3.6×10^{-4} g。

另外，在研究中经常会遇到一些倍数或分数的关系，例如 pH 值，它是自然对数，非测量所得，可认为其有效数字不受限制。

确定有效数字位数时，应注意以下几点：

(1) 记录测量所得数据时，只允许保留 1 位可疑数字。

(2) 有效数字的位数反映了测量的相对误差。因此，记录测量数据时，绝不要因为最后位数的数字是零而随意舍去。例如，称得某物质的重量为 0.518 0 g，绝不允许记为 0.518 g。

(3) 确定有效数字的位数时，若第一位数字等于或大于 8，其有效数字位数应多算一位。例如 9.48 虽然只有 3 位，但它已接近 10.00，故可认为它是 4 位有效数字。

(4) 数据中的"0"要作具体分析。数字中间的 0，都是有效数字；数字前边的 0，都不是有效数字，它们只起定位作用；数字后边的 0 是有效数字。

(5) 在所有计算式中，常数 π，e 的数值以及常遇到的倍数、分数关系，为非测量所得，可视为无限多位有效数字。

(6) 在分析化学中常遇到的 pH，pM，pK 等对数值，其有效数字的位数仅取决于小数部分数字的位数，其整数部分只说明原数值的方次。

二、有效数字的修约规则

在多数情况下，测量数据本身并非最终要求的结果，一般需再经一系列运算后才能获得所需的结果。在计算一组准确度不等（即有效数字位数不同）的数据前，应按照确定了的有效数字将多余的数字舍弃。舍弃多余数字的过程称为"数字修约"或"数字整化"。数字修约所遵循的规则称为"数字修约规则"。过去习惯上用"四舍五入"规则修约数字,为了减少因数字修约人为引入的舍入误差,现在应按照国家标准《数字修约规则》修约,这一规则可归纳为"四舍六入五单双"(详见表4-6)。

表4-6 有效数字修约规则和实例

修约规则	实 例	
	修约前数字	修约后数字(要求小数点后保留一位)
四舍	12.343 2	12.3
六入	25.474 3	25.5
五后有数进位	2.052 1	2.1
五前为单进位	0.550 0	0.6
五前为双舍弃	0.650 0	0.6
	2.050 0	2.0
一次完成	2.545 46	2.5(不要2.5455→2.546→2.55→2.6)

三、有效数字的运算规则

在分析测定过程中,一般都要经过几个测量步骤,获得几个准确度不同的数据。对于这些数据,必须按照一定的规则进行运算,既可节省计算时间,避免因计算过繁引入错误,又能使结果真正符合实际测量的准确度。常用的基本规则是:

(1)加减法运算。当几个测量值相加减时,它们的和或差的有效数字的保留,应以小数点后位数量少(即绝对误差最大的)的数据为准。

例 4-8　50.1+1.45+0.581 2=？

原数	绝对误差	修约为
50.1	±0.1	50.1
1.45	±0.01	1.4
+0.581 2	±0.000 1	+0.6
52.131 2	±0.1	52.1

可见 3 个数中以第 1 数绝对误差最大，它决定了总和不确定性为 ±0.1，其他误差小的数不起作用，结果的绝对误差仍保持 ±0.1，故为 52.1。实际计算时，可以小数点后位数最少的数 50.1 为准，将各数修约为 1 位小数的数，再相加求和，结果相同而简便（如右式）。

(2) 乘除法运算。许多测量值相乘除时，它们的积或商的有效数字的保留，应以有效数字最少（即相对误差最大的）的那个测量值为准。

例 4-9　求 (0.032 5×5.103×60.06)/139.8=？（设 4 个数的最后一位数都有 ±1 的绝对误差）

0.032 5：±1/325×100% = ±0.3%

5.103：±1/510 3×100% = ±0.02%

60.06：±1/600 6×100% = ±0.02%

139.8：±1/139 8×100% = ±0.07%

4 个数中相对误差最大的是 0.032 5，有效数字 3 位，结果应保留 3 位有效数字，因此 (0.032 5×5.103×60.06)/139.8 = 0.071 3。

(3) 表示准确度和精密度时，大多数情况下只取 1 位有效数字即可，最多取两位有效数字。

目前，电子计算器的应用相当普遍。虽然计算器上显示的数字较多，但切不可全部照抄，而应根据上述规则正确保留最后计算结果的有效数字位数。

第七节 实验研究的质量控制

实验研究的质量控制包括很多内容，本节主要介绍在实验室内部及实验室之间如何开展质量控制，即室内质量控制、室间质量评价和误差控制等内容。

一、室内质量控制

室内质量控制（internal quality control，IQC）是由实验室工作人员采取一系列方法，连续评价本实验室工作的可靠性，确立实验报告能否发出的一种质量控制措施。用来评价实验室检验结果的重复性和精密度，常借用质控物来进行。IQC应包括实验室工作的全过程，除了优质的试剂、标准品、良好的仪器性能，可靠的分析方法和熟练的技术以外，还涉及分析测定工作的各个环节，均需进行严格的质量控制，其中任何一个环节发生问题，均会影响到检验结果的准确性和精密度。

（一）质控前的准备

质控前的准备包括病人准备、标本收集方法、标本核对、标本容器、标本的送检和在实验室内的正确处理；使用高质量的试剂、标准品、分析仪器和各种量器（如分析天平、容量瓶和吸管等）；选择准确可靠的分析方法，防止在分析过程中来自方法学方面的不应有的变异因素；实验室环境，人员配备与工作量比例关系，人员业务水平的培训及提高等措施都应考虑。

（二）质控物

质控物指的是用来进行质控的标准或其他控制样本。工作中必须建立起各种室内质控系统,绘制质控图表和进行各种统计参数的计算来衡量工作质量。

(1) 质控物的制备。各实验室可以根据本实验室的条件,选用已知质和量的标准样本作质控物。常见的有质控血清、标准参照 Marker、与所购试剂盒配套的已知参照样本等。

(2) 质控物定值的选择:质控物测定的方法和结果判断的标准以试剂盒或质控标准进行,质控点的选择和 cut-off 值的设置按标准进行。

(三) 室内质控的步骤

根据英国 Whitehead 的意见,室内质控分为以下几个阶段:
(1) 最佳条件下的变异;
(2) 常规条件下已知值质控物的变异;
(3) 常规条件下未知值质控物的变异;
(4) 病人结果的资料统计应用;
(5) 室间质量评价。

(四) 室内质控的方法

1. "即刻法"

只需检测 3 次以上即可进入质控状态,具体方法如下:
(1) 从几个测定值中找出最大值 X_{max} 和最小值 X_{min}。
(2) 计算出上述测定值的均数 $\bar{X}$ 和标准差 s。
(3) 计算 $SI_{上限}$ 值和 $SI_{下限}$ 值,公式为:
$$SI_{上限} = (X_{max} - \bar{X})/s$$
$$SI_{下限} = (\bar{X} - X_{min})/s$$
(4) 将 $SI_{上限}$ 和 $SI_{下限}$ 与 SI 界值表中的数字进行比较。

表 4-7 SI 界值表

n	Q_{2s}	Q_{3s}	n	Q_{2s}	Q_{3s}
3	1.15	1.15	12	2.29	2.55
4	1.46	1.49	13	2.33	2.61
5	1.67	1.75	14	2.37	2.66
6	1.82	1.94	15	2.41	2.71
7	1.94	2.10	16	2.44	2.75
8	2.03	2.22	17	2.47	2.79
9	2.11	2.32	18	2.50	2.82
10	2.18	2.41	19	2.53	2.85
11	2.23	2.48	20	2.56	2.88

如果 $SI_{上限}$ 和 $SI_{下限}$ 皆 $< Q_{2s}$，表示处于控制范围内，可以继续进行下去；

当 $SI_{上限}$ 和 $SI_{下限}$ 二者有一个值处于 Q_{2s} 和 Q_{3s} 之间时，表明进入了"警告"状态，SI 在 $2s \sim 3s$ 范围；

当 $SI_{上限}$ 和 $SI_{下限}$ 有一个值 $> Q_{3s}$，即表明进入了"失控"状态，其 SI 已在 $3s$ 之外。

质控值处于"警告"和"失控"状态时的这个值应该舍去，该项检测要重新进行，其他的测定值仍可继续使用。

例 4-10 进行某项检测，4 次检测值分别为 10.7，8.9，8.1，16.9；$n = 4$，$X_{max} = 16.9$，$X_{min} = 8.1$，$\bar{X} = 11.15$，$s = 3.98$。

解：代入公式：

$SI_{上限} = (X_{max} - \bar{X})/s = (16.9 - 11.15)/3.98 = 1.44$；

$SI_{下限} = (\bar{X} - X_{min})/s = (11.15 - 8.1)/3.98 = 0.77$；

查 SI 界值表：$n = 4$，$Q_{2s} = 1.46$，$Q_{3s} = 1.49$。上述 $SI_{上限}$

和 $SI_{下限}$ 皆 < Q_{2s} 和 Q_{3s},表示所检测的结果处于控制范围内。

接着进行第 5 次检测,检测值为 6.4,同上计算,其 $SI_{上限}$ = 1.65,$SI_{下限}$ = 0.94,查 SI 表,$n = 5$,$Q_{2s} = 1.67$,$Q_{3s} = 1.75$。$SI_{上限}$ 和 $SI_{下限}$ 皆 < Q_{2s} 和 Q_{3s},所检测的结果仍处于控制范围内。

如果某次检测值处于"警告"和"失控"状态,这个值应该舍去,重新进行检测,其他的测定值仍可继续使用。

当质控数据达到 $n = 20$ 时,即可进入质控图法进行质控,就更简单了。

2．质控图法

最早由 W. A. Shewhart 于 1924 年建立的一套对工业产品进行质量控制的图示方法。1950 年由 Levey 和 Jennings 首先将它用到医学检验的质量控制实践中来,通常称为质控图。质控图实际上是把检验出的数据与计算出的"控制线"进行比较的图。其目的是监测误差是否发生,并予以纠正。质控图方法很多,普遍采用的 $\bar{X} \pm s$ 质控图。

(1) 建立质控数据库。通常先对质控物每日随常规标本一道进行各种成分的测定,连续测定 20 次,计算平均值 $\bar{X}$ 和标准差 (s);剔除在 $\bar{X} \pm 3s$ 范围以外的数值后再重新计算 $\bar{X}$ 和 s 的值。

(2) 绘制质控图。质控图纵轴为检测值,在平均值 X 处有一中心横线,在 $\bar{X} \pm 2s$、$\bar{X} \pm 3s$ 处分别平行的控制线;并按时间顺序填入各质控样本测定的数值。质控图制作的关键是对'控制限'的选择,一般是依照正态分布 $2s$ 和 $3s$ 来确定,也可依实验室条件,调整为 $1.5s$,$2.5s$。控制限选择过严,有较多的合格数据被判为失控而影响每天正常检验工作,带来不必要的损失;控制限选择过宽,有较多的不合格数据被判为合格,从而检不出失控数据,发出不合格的报告,失去做质控图的意义。质控物每天随常规标本一道分析,将每天测得的质控值用小圆点在质控图上标出,并用细线将相邻点连接起来。质控图还要考虑不同季节的影响,最好每月一张。

(3) 质控图判定标准一般以超出 $2s$ 范围为警告,超出 $3s$ 范围为失控;均数线两侧分布的点数应接近,如果有连续 5 次以上的结果在中心线的一侧即为失控;连续点呈循环状为失控;中心线处点数太少说明结果稳定性差。

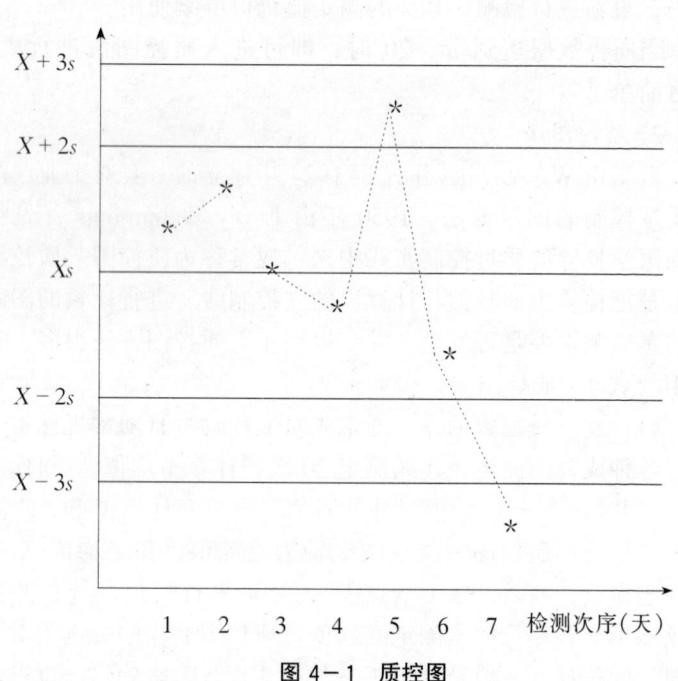

图 4-1 质控图

上图,第 1, 2, 3, 4, 6 天的检测值在控制限内,第 5 天处于"警告",第 7 天为"失控"。

(4) 出现失控时的处理。当出现失控时,应立即追查原因,采取有效措施。一般可以按以下步骤寻找原因和采取对策:

a. 迅速回顾整个操作过程,分析最可能发生误差的因素。

b. 再进行一次重复试验,看结果有否改进。

c. 如重复测定的结果仍在不允许范围内,则可采用一瓶新的质控血清进行试验。观察是否由于质控血清已变质或污染所引起。

d. 如有定值的质控血清,则可分析一个正常值和一个异常值的质控血清,看能否得到可靠的数值。如结果良好,可重复多次测定以确证。

e. 如数值仍未改进,则应仔细检查仪器,保养是否满意,波长和灵敏度是否符合要求,比色杯是否清洁,光源是否减弱等。

f. 更换试剂。

g. 用新的标准液。

h. 重新操作,逐步找出差错之所在。

二、室间质量评价

室间质量评价(external quality assessment,EQA)是由本实验室以外的某机构所执行的客观地评价实验室测定结果的一种体系。通常是由政府部门授权组建的官方机构组织,以第三方的角色来执行。"第三方"指它不同于第一方(供方)和第二方(需方),常从专家、内行的角度来进行实验室评估,其评价具有科学性;同时,第三方与第一、第二方之间既无行政上的从属关系,又无经济上的利害关系,其评价具有公正性。

评价的目的是用一种绝对标准来观察评价各实验室的测定结果与此标准一致的程度,建立起各实验室之间的可比性,对所有参加评价的实验室能做出准确的评价。

通常是将同一样品(质控标本)分发给各参加实验室,在指定时间进行测定，然后将测定结果回报给组织者，组织者用定值（靶值）与回报的结果进行比较，进行统计分析和评价，将分析评价的结果回报给参加实验室。回报时可进行说明，也可不作说明。

质量评价结果的表达方式主要以参加实验室的值与靶值的离散程度为依据，常用的方法有：

（1）定性评价。质控样本的报告值与靶值相符合为2分，不符合为0分，为"可疑"者给1分。该项目缺失或未报者，以空白表示，为0分。通过统计各实验室该项目的得分 X_n，得出全国平均分 $\bar{X}$ 和标准差 s，计算评分指数 $SI_{定性} = (X_n - \bar{X})/s$：

当 $SI \geqslant 0$ 时，表明该实验室该项目的成绩优于全国平均水平；

当 $SI < 0$ 时，表明该实验室该项目的成绩比全国平均水平要低。

（2）定量评价。以各实验室质控样本的实际检测值为 X_n，通过统计得出全国各实验室该项目的平均值 $\bar{X}$ 和标准差 s，计算评价指数 $SI_{定量} = |X_n - \bar{X}|/s$：

当 SI 趋于0时，表明该实验室该项目的检测值接近全国的靶值，检测结果可靠；

当 $SI \leqslant 1$ 时，表明该实验室的检测值在全国检测值分布的 $1s$ 范围内；

当 $1 < SI \leqslant 2$ 时，表明该实验室的检测值在全国检测值分布的 $1s$ 范围外、$2s$ 范围内。

一般以 $2s$ 作为评价是否合格的界限，也有以 $1.5s$ 为界限。$SI > 2$ 或 $SI > 1.5$ 时即为不合格。

如果某实验室的 IQC 结果满意，而 EQA 的成绩不好，说明该实验室的重现性好，但准确性差，或 IQC 并没有反映出真实情况。对于一个实验室工作的质量控制是否合格，可用 EQA 进行辅助评价。

三、控制实验研究误差的方法

(一) 设立对照组,并严格按随机化原则抽样和分组

所谓对照,就是除不接受选定的处理因素作用外,在其他方面与实验组完全一致的受试对象。因为任何可能发生的条件误差应该以同等程度影响实验组和对照组,以对照组作为基础来比较观察处理效应,就有可能抵消非处理因素的干扰。所谓随机化,就是全部受试者有同等的机率被分至实验组或对照组。因此,任何可能发生的抽样误差必以同等的机率影响实验组和对照组,从而也在对比时相互抵消。

但应该知道,随机化并不简单地等于盲目和任意。例如,闭着眼睛从一笼鼠中捉鼠,以先捉出的10只为对照组,后捉出的10只为实验组,并不是随机化的抽样分组。因为反应灵敏,跑动迅速的鼠不易被捉住,因此在先捉住的10只鼠中可能反应慢和跑动较迟钝一些的居多,而后10只鼠的情况可能正好相反,这是明显的抽样及分配误差。科学的随机方法详见实验设计章。

顺序误差也可以通过用随机化方法决定实验顺序而加以控制。

(二) 严格控制非处理因素,保持组间的均衡

前已述及,实验组与对照组之间应该在基础参数、实验条件各方面均衡一致,才具有可比性。受试对象的基础参数指种属、品系、性别、年龄、体重、血压等等,具体项目及其标准随实验的要求而定。当样本数很大时,只要严格按随机化方法抽样及分组,即可大体做到均衡,但当样本数很小时,单纯随机分组不一

定保证其均衡性,这时可采取两种办法:

(1) 提高样本的均一性。规定较严格的选择条件,使样本在主要基础参数上一致性较高,则分组时发生不均衡的可能性当然相应减少。但过分追求样本的均一性不见得是可取的,因为一则条件过严,往往难以选足所需样本数,这在临床试验中尤为突出;再则从高度均一的小样本获得的结果可能并不完全适用于并不那么均一的总体。例如,全部受试对象皆为女性、病程1年以内,试验某种药物证明有疗效,而对男性患者、病程更长者是否同样有疗效,就不能贸然肯定。

(2) 采用配对分配或多组分配的随机方法。要保持各组在实验条件方面的均衡一致,不能只满足于全部受试对象是在同一大环境中,还要注意许多细节。例如,全部实验动物都是饲养在同一间饲养室内,表面上看这是条件一致的,但实际上有的鼠笼在架子的上部,有的在底层,有的在阴面,有的在阳面,有的靠近门口,有的在角落处,因此在局部小环境的通风、照明、温度等方面有可能不一致,应注意定期轮换。又如在实验开始时,每笼内养10只大鼠,但随着实验的进行,部分动物陆续死亡,经过一段时间后,可能有的笼内仍为10只,有的笼内仅剩4只(而且这种差别可能不是均衡地发生于各组),因此群居的密度、饲料的充足情况可能发生不同,应注意及时调整之。各种操作(注射、手术、测量等)如有可能应全部由同一实验者进行。如必须由数名实验者共同完成,除了统一方法外,还必须遵守交叉的原则,即每一个实验者都既操作对照组,又操作实验组。

(三) 适宜的样本量

从理论上说样本数越大,抽样误差越小,所得结果的适用范围越广。可是样本数太大不但在实践上困难甚多,而且也并非绝对必需;另一方面,样本数太小时,前已述及,发生抽样误差、不均衡的可以性也增大。因此势必要在二者之间寻求一个最适值。具体估计所需样本数的方法见实验设计章。

(四) 实验方法标准化

所谓标准化,就是要有具体的规定、明确的标准。例如,除了前述对受试对象应有明确的入选及不能入选的标准,对控制非处理因素应有详细的规定外,在实验效应的测量上,诸如测量步骤、样本收集及预处理、仪器的校准的操作方法、试剂的配制和标定、结果的判定和记录方式等,均应有统一的要求,而且所有标准一旦规定,任何实验者不得擅自更改。

(五) 平行或重复实验

尽管采取种种措施,但即使是反复测定同一样本中某物质的含量,也不可能每次的测定结果都一样,因为有些误差是无法消除的,如操作误差(例如每次取样量就不可能绝对一致)、仪器误差(受仪器的精密度所决定)等。但是这一类误差多非定向的,有时使测值偏高,有时使测值偏低。因此,在实验效应的测量中主张用平行多份样本(至少双份)或反复多次重复测定取其均值的办法。例如,血压要测定几次,血液生化指标测定要作平行双份样本等;判读X线片、心电图等时,亦应由几位医生共同进行,集体诊断,或一位医生间隔一定时间多次判读后再下诊断,较为稳妥。

过失误差的发生是偶然的,在平行的、特别是重复的实验中再度同样发生的机率是很小的,因此可通过重复实验发现及排除之,真实的实验结果则在重复实验时仍会出现。

在正式实验之前先进行一次规模稍小或内容稍简化的预备实验是可取的。通过预试验,能了解到预先未估计到的困难或问题,并可根据预备实验的初步结果,大致估计有可能通过正式实验得到的结果。这是一种导向性实验,也是一项实际演习或火力侦察。

综上可见,重复实验不只是实验的重复,它能指导方向、避免误差、提高质量。在总例数为 100 例的情况下,每次 50 例,分两次进行的实验结果,如果一致,比单次进行 100 例实验所获得的结果更为可靠。

(六)盲法

在临床试验中,由于以人作为研究对象,心理因素会造成误差的问题较为突出。为了防止这种误差,主要是采用"盲法"和"安慰剂"等措施。将在"临床试验"一章中详述。

以上所述为在医学实验各环节如何控制误差的一些主要原则及措施,此外还要做到下列两个要求:

(1)要对全体实验者反复进行质量第一的教育,要使参加实验的每一个人深刻理解控制误差的重要性,懂得如何控制误差,从而能够自觉遵守各项规定,养成实事求是、一丝不苟的科学作风和兢兢业业、精益求精的工作态度。

(2)要建立一套经常性的、有效的质量控制的制度。经常检查实验各个环节的质量,及时发现问题,找出差错,采取有力措施,堵塞可能出现误差的漏洞。

第八节 调查研究中的偏倚及其控制

调查研究中也存在着系统误差(即偏倚),对偏倚来说,虽不能像抽样误差那样可以测量其大小,但在一定程度上是可以设法避免的。如果在研究中不能很好地控制偏倚,则所调查的结果就不可靠,也就难以达到调查的目的。

一、常见的偏倚

常见的偏倚可以分作 3 类：选择偏倚、信息偏倚和混杂偏倚。

(一) 选择偏倚

选择偏倚是指在研究对象选择过程中所产生的偏倚，这类偏倚是由于在选择研究对象时方法不正确或研究对象不合作造成的，常产生于研究的设计阶段。选择偏倚通常有以下几种：

(1) 随意选择偏倚。在调查过程中，不是按照抽样设计的方案进行对象选择，而是随意选择。例如，抽样中的调查对象没有找到，而随意由其他人代替。

(2) 住院偏倚。也叫 Berkson 偏倚。当利用医院住院病人作病例和对照时，由于对照是医院的某一部分病人，病例亦是医院的特定病例，病人对医院及医院对病人双方都有选择性，所以对照和病例都不是目标人群的一个随机样本，难免产生偏倚，尤其会产生因各种病的入院率不同而致的偏倚。

(3) 选择幸存者偏倚。在一次横断面研究中，常常易选择一些疾病的现患人群为研究对象，而出现一定程度的局限性和片面性。因为患该病的一部人已经死亡，而幸存者总是有这样那样的原因，或者是疾病类型不同，或者是病程不同，因而这种调查结果也很难概括所研究疾病的全貌。如 McNeyman 偏倚，当所研究的暴露与某病的预后有关系，如选用现患病例，即存活较长的病人作病例进行研究时，有可能比用存活短的病人得到更多的信息，这些更多的信息可能只与存活有关，而未必与该病的发病病因有关，从而高估了某些暴露因素对发病的作用。

(4) 无应答偏倚。无论是研究对象还是研究者都可以造成对象的不应答或失去应答，导致丢掉一部分研究对象，而这部分对象中可能存在某些特征，从而造成偏倚。如对象选中了体弱者，他可能无力参加研究；选中了体壮者，又可能因外出而参加不了研究。如因各种原因而无应答者较多，则会产生偏倚。对访问调查或通讯调查获得应答的比例称应答率。例如，在实际调查中，如果一次调查应答率低于90%，即可造成偏倚，则很难以调查结果来估计总体的全貌了。

影响应答率的因素很多：①群众对调查不了解，不愿意参加；②调查方法或调查内容不适当；③调查对象身体很健康故不关心疾病调查；④调查对象身体不好或高龄不愿外人打扰；⑤调查对象外出未遇等。

（5）选择性转诊偏倚。转诊病例多为重病或有合并症，其病因可能与一般病例不尽相同，如只选择转诊的病例作为研究对象就有可能造成偏倚。

（6）检诊造成的偏倚。如果暴露状态影响疾病临床诊断的机会时，可能出现非病因暴露与疾病的假联系，产生检测偏倚。比如，在某病例对照研究中，发现子宫内膜癌患者发病前使用雌激素比对照组高9倍，推断雌激素可导致子宫内膜癌。但以后许多研究对此推断予以否定。这个错误推断是由于服用雌激素后阴道出血导致就诊机会增多，使无症状的子宫内膜癌的检测率提高而造成的假象。

（二）信息偏倚

信息偏倚是指在收集资料过程中，由于测量暴露或结局材料的方法有缺陷，致使各比较组之间产生了系统误差而导致的偏倚。通常有以下几种：

（1）调查对象所引起的偏倚。询问调查对象有关个人疾病史、暴露史、生活习惯和某些特征时，由于种种原因，回答不够准确，从而造成报告偏倚；由于对调查者的礼貌或为了迎合调查员的喜好，对所提出问题均顺着调查员的思路回答，从而造成礼貌偏倚；对一些敏感问题或社会上争论的热点话题，回答时均按社会大多数人的观点回答，掩盖自己真实想法的社会期望偏倚等，均会造成所获信息缺乏可靠性。

最常见的就是回忆偏倚。例如，病例－对照研究是探索历史上的暴露情况，由于暴露事件发生久远，回忆起来难免记忆不清，影响资料的真实性而带来偏倚；同时也容易受后来发病的影响，使病例回忆时偏于多提供"暴露"的信息，如询问服药史或疾病既往史等。通常病人较对照更易于提供详细的自认为有关疾病但实际不真实的情况。

另外还有顺序偏倚或因果颠倒的偏倚。回顾性观察有时很难确定某种暴露是否先于疾病，这种时间顺序上的混乱可导致错误结论。如胰腺癌病例可因腹部不适，焦虑不安而喝咖啡增多，有可能调查后得出咖啡与胰腺癌有关的虚假联系。又比如，在研究近视眼发病因素的病例对照研究中，发现越做眼保健操的人越易患近视眼，这是假象，因为患了近视眼才想起做眼保健操，近视的发生有一个过程，何前何后难记准，实际上它是果不是因。

（2）调查人员所引起的偏倚。在调查中，对与自己研究的内容有关的问题和对象，询问要十分认真、仔细，而无关的则应付性调查。有时为了获得自己所需要的内容或答案，进行诱导性询问。在调查中有时需要进行一些生理测量或化验检查，这时，有的测量或化验员会先入为主地把数值记录抬高或降低等。

（3）调查过程及环境所引起的偏倚。是指由于测量仪器或量具的不准确，或在测量过程中因操作失误所导致的各种偏倚；或调查病例与对照时，两者的调查环境与条件不对等所造成的；也可能是调查的质量不高或差错造成了病例与对照都产生了相同的偏倚。例如，调查员知道暴露与疾病的假设，进行有意、无意的诱导提示导致区别性错分偏倚。病例和对照组知道暴露与疾病的假设，为了迎合调查者的心理也可导致讲假话。病例和对照组进行调查的环境、程序、方式不同也可导致错分偏倚。调查环境也会造成信息偏倚，例如，在进行老年人生活满意度调查时，儿媳在场与不在场可能会出现不同的答复；吸烟调查中，男性公民有妻子在场与不在场同样也会给不同的答复等。

（三）混杂偏倚

1. 混杂偏倚

两种或两种以上的暴露因素引起的效应交织在一起，不能分开，称为混杂。混杂是暴露因素与疾病之间一种非因果性联系。这种联系是由于引起混杂的因素在暴露组与非暴露组中的分布不均匀所致。如果研究的效应中混有其他因素的影响，估计研究的暴露因素与疾病之间的联系时，受到一个或多个既与疾病有密切关系，又与暴露因素有密切联系的潜在危险因素的影响，从而歪曲（低估或高估）了所研究因素与疾病之间的真实联系，即假的联系（正混杂）掩盖了真实的联系（负混杂），称为混杂偏倚。这个潜在的因素称为混杂因素。

2. 混杂因素具备的条件

作为混杂因素必须具备以下4个特征：混杂因素必须是疾病的一个危险因素；混杂因素必须与所研究的暴露因素有联系；混杂因素不应该是暴露与疾病之间因果链中的一个中间环节；混杂因素作用的结果是歪曲研究因素与疾病之间的真实联系，造成偏倚。只要满足前3个特征的因素，都是潜在的混杂因素。当一个潜在混杂因素在研究的两组间分布不均衡时，才能起到混杂作用，产生混杂偏倚。根据其方向，分为正混杂和负混杂。例如，研究花生与肝癌的关系时，黄曲霉素是潜在混杂因素；研究高血压与冠心病的关系时，年龄是潜在的混杂因素。混杂是对因果关系的混淆，在多病因疾病的研究中，混杂问题特别重要。所以，在混杂偏倚分析中，首先要识别一个潜在危险因素是不是混杂因素，然后是怎样控制这些混杂因素的作用。

3. 混杂因素的判断

混杂因素的判断目前尚无确切有效的方法。靠统计学显著性来判断，有时不切实际。因混杂有效应性问题，有时即使统计学无显著性，仍需调整，以期获得联系的最佳估计。有时统计学上有显著性，但无实质性联系，则不必调整。靠实际经验来判断，常又缺乏科学依据。因此，判断混杂因素，除考虑其与疾病和所研究的因素之间的实质性联系外，还需视联系被歪曲的程度而定。

二、偏倚的控制

针对不同的偏倚，采取相应的控制措施。

(一) 选择偏倚的控制

（1）严格按照抽样设计方案进行研究对象的选取，坚持随机化原则。

（2）提高抽中对象的应答率。对无应答的原因要作分析，设法补查，或分析无应答的影响。可以在调查前进行广泛的宣传、动员，并规定出控制线，也可以采用补漏调查，以提高应答率。

（3）选择多种来源的病人或不同人群作对照。若从一般人群中选择一个随机样本为对照，不仅可减少选择偏倚，还可与从医院所选的对照组比较，鉴定出该研究是否存在选择性偏倚。在设计时应尽量利用新发病例以减少 McNeyman 偏倚，还要考虑幸存者偏倚的问题，尽可能使病例选择面广一些，并注意收集有关病程、疾病类型方面的资料，以便在分析结果时，得出合理的结论。在以社区为基础的病例研究中，以新发病例总体或从总体中随机抽取样本为病例，在产生病例的该社区人群中随机抽取样本为对照，可使上述选择偏倚减少到最低程度。

（二）信息偏倚的控制

控制信息偏倚的主要方法是提高调查技巧和进行质量控制。

（1）对调查对象，为了使其能提供准确的信息，必须在调查问卷上下功夫。比如，问题一定要明确具体，对个人既往暴露史应尽可能提供有助于记忆的物化目标。另外，入户调查要先获取对方的信任，充分说明本次调查的目的和意义，从而使被调查者积极合作，提供可靠的信息。对于一些敏感问题的调查，要采用间接询问法、对象转移法等技术，以保证所需信息的获取。

（2）对于调查员，关键是进行严格的培训，增强工作的责任感，统一调查的程序和方法。为避免调查员主观偏倚的产生，可以通过交叉调查、小样本复查等方法进行调查员调查质量的评价。对责任心不强、工作不认真的调查员要禁止上岗。另外，选择调查员时就要注意可能出现的偏倚，比如，计划生育工作调查，就不能选择计生工作干部做调查员；卫生防疫机构工作水平考评调查，不能选主管行政部门的工作人员做调查员。一般选择的调查员，最好是中性人物，即与本研究无任何利害关系的人员。

（3）对测量仪器，要选用标准一致、性能稳定的仪器，使用前要统一校正，从而保证试验结果的准确与可靠。

（4）对调查环境，要根据调查目的和对象的特点来加以考虑。如，心理功能测试应无任何外界环境因素的干扰；性格问卷应是一对一的谈访调查；涉及家庭成员的敏感问题的调查要请家属回避。

（5）调查者应对病例和对照同等对待。两组的调查方法、程序要一样。采用盲法调查,不应让调查员和研究对象知道所研究的某种暴露与疾病的联系,尽可能将研究对象回答的内容与其他来源的资料相验证,以判断它是否真实、可靠。认真培训责任心强、态度科学端正、社会工作能力强并有一定文化修养的调查员,在调查时通过交叉分配任务来进行质量控制。每个调查员每天既调查病例又调查对照,对调查情况进行录音,然后抽查质量,不合格者重新调查。

(三) 混杂偏倚的控制

在设计阶段,可采用限制的方法来选择对象,用匹配法来控制混杂作用;在分析阶段,可应用标化率、分层分析和多因素 Logistic 回归模型分析或用数学模型拟合的方法,把研究因素的作用与混杂因素的作用分离开来。

总之,偏倚控制是一个整体的构思,要从整个研究的全局出发,采用多种综合措施来进行控制。从设计研究方案开始就要有误差控制的意识,从调查员的选择、调查问卷的设计、测量仪器的选择、调查环境和方式的确定等方面着手,采用一系列的调查技巧与分析技术来加以控制。

第五章 诊断试验设计

随着科学技术的进步与发展，新的诊断试验层出不穷。但不是每一种新方法肯定比常规或旧方法好，经过一段时间的临床应用，不少方法被淘汰。如果临床医生能够掌握一些评价和解释诊断试验的原则，及时取舍或灵活运用新的方法，不但可以提高科研质量和诊断水平，而且可以避免不必要的损失。

目前仍有不少诊断试验的研究与评价文章，只是采用 t 检验或卡方检验比较"病例组"与"对照组"的差异，如统计学上有显著性，则结论"某某方法有临床诊断价值，值得广泛推广应用"等等。但两组差别有多大，有多少漏诊、误诊，都不清楚。即使掌握这些资料，也还不能说"值得广泛推广"，因为临床推广应用一个诊断试验，不但要看敏感性、特异性等，还要权衡假阴性带来的负效应以及是否存在副作用和费用多少等。一些诊断试验的研究未与"金标准"比较，一些研究例数较少，等等。与其他的临床研究一样，诊断试验的研究同样要注意科学性、严谨性，诊断试验临床应用价值的评价实质上属于临床决策的范畴。

本章所讨论的内容，不仅适用于实验室的"诊断试验"，同样也适用于从病史、体格检查等观察到的资料所进行的"诊断试验"。下面按照诊断试验研究与评价的基本步骤来介绍有关内容。

第一节 病例组与对照组的选择

一个理想的诊断试验应是准确、迅速、安全、简单、无痛苦、可靠、便宜的。如果能肯定一个诊断试验对病人是弊多于利，或有证据表明某方法不如已在临床应用的方法好，或某试验已不适用或存在较大的副作用、危险时，则不必再进行临床研究了。

在临床有两种情况，一是"回顾性"研究，即利用病案资料，病例选用经"金标准"确诊的病人，病例组一般应包括各种类型的病例，如轻型、重型、年轻、年老等，要求具有代表性，这样敏感性的推论不受限制，如只是选择某种特殊类型的病人，应注明；对照组应是那些需要与病例组鉴别的其他疾病。临床上一般不难区别病人与正常人，所以应慎用志愿者、学生和士兵等作为对照组。如诊断的目的是从健康人群中把病人诊断出来，则对照组应代表目标人群。由于病例组与对照组的大小受研究者左右，所以研究中的患病率不反映临床中的实际患病率。二是对某测验进行的前瞻性观察、比较。可对疑为某病的全部或随机选择部分患者先后做新试验和"金标准"检测，最后，按"金标准"的结果，分为病例组、对照组，这里的患病率、阳性预测值能较好反映临床的实际情况，但不同的医院、地区有不同，如大医院的患病率、阳性预测值较高。如欲把新试验与其他试验比较，则所有患者应做包括"金标准"在内的3项检查，检查中注意盲法，如新试验的检测人员不知道被检查者的"金标准"的结果。

诊断试验中，同样要求足够的样本含量。病例组或对照组的样本含量估计可通过下面的公式计算：

$$N = 4Za^2 P (1-P) / W^2$$

其中：P 代表敏感性；W 代表敏感性允许的波动范围；CI 代表

可信限；N 代表病例数。

例 5-1. 有一诊断直肠癌的新试验，据预试验，期望 80% 的直肠癌病人将会出现阳性，即敏感性 80%，如敏感性允许的波动范围为 0.8 ± 0.05，可信限 95%，病例组需多少病人？

解：

$P = 0.8$；

$W = 0.1$（± 0.05）；

$CI = 95\%$；

$N = 4 \times 1.96^2 \times 0.2 \times 0.8 \div 0.1^2 = 246$（例）。

第二节 诊断试验的常用指标

一、诊断指标的分类

诊断指标可以分为 3 类：

（1）主观指标。指由被诊断者的主诉而确定的，如不舒服、头晕、头痛、食欲不振、失眠等等。这些指标最容易受被诊断者的主观影响而改变。如病人信任某医生给他服用了好的安眠药（可能根本不是安眠药），他可能就认为自己睡得好（实际上也许和往常一样）。因此，仅凭被诊断者主观感觉的指标作为诊断指标，常常很难反映真实情况。

（2）半客观（或半主观）指标。指根据诊断者的感觉而加以判断的指标，如肿物的硬度，肺部啰音的多少，脉象弦滑等等。因为由诊断者主观判断，不同诊断者常易出现不同的判断。应用时，必须严格规定标准。

（3）客观指标。能用客观仪器加以测量的，很少依赖诊断者及被诊断者的主观意识判断，所以比较而言是最可靠的。在这类指标中,被观察者死亡的结果是一个绝对客观的指标,是不易弄错的。用仪器测定的结果,如体温计测的体温,胸部X线片观察肺部及胸骨病变,用血压计测定血压等等,这些都是客观记录下来的,但其结果是由观察者去判断的,虽然各观察者之间的差别不应该太大,但也存在不一致的机会。因此在应用一般客观指标时,也应该严格规定其详细的标准,以便得到可靠的结果。用自动记录仪器,也可得到可靠的读数。

二、诊断标准

诊断指标确定之后,就应该确定一个诊断标准(诊断界限)用以区别正常与异常。由于调查或筛检的结果经常以发病率、患病率、死亡率来表示,而这些率的分子是病人或因某病而死的人数,如果诊断不正确或诊断标准不一致,所得出的率就不一样。

设以高血压患病率调查为例。以血压计上的 kPa(1 kPa = 7.5 mmHg)作为高血压的诊断指标。对高血压必须规定一个诊断标准。通常采用 WHO 规定的标准,即收缩压(SBP)为 $\geqslant$ 21.3 kPa 及(或)舒张压(DBP)$\geqslant$ 12.7 kPa 为诊断高血压的标准。如果不同地区或不同时期采取的标准不一,则其结果不能相同。即或在同一地区、同一时间采取不同标准,也会得到不同的结果。一个地区血压值的分布如图 5-1。如果以舒张压 $\geqslant$ 12.0 kPa 为诊断高血压标准,则高血压患病率为 25.3%;如以 $\geqslant$ 12.7 kPa 作为高血压标准,则高血压患病率为 14.5%;如以 $\geqslant$ 14.0 kPa 为标准,则患病率为 4.8%。可见诊断标准必须统一固定,才能得到准确的患病率。

为测定眼内压以诊断青光眼,测定血清转氨酶的单位数以判断是否正常,以血清效价来判定正常,以皮肤反应的红晕、荨麻疹直径大小判定阳性等等,都有一个正确的诊断标准问题。

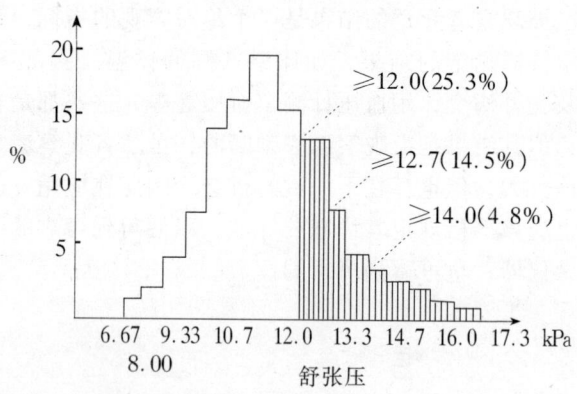

图 5-1　30~60 岁 158 906 人舒张压分布

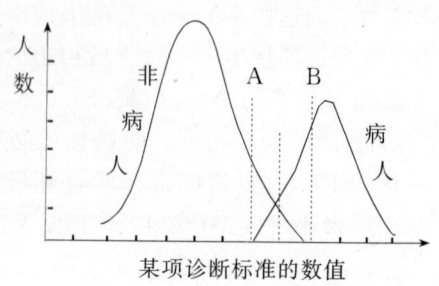

图 5-2　病人与非病人不同数值的分布示意图

通常遇到的情况是正常人的数值与病人的数值有重叠情况，如有人收缩压在 20.0 kPa 还可被认为是正常值，而有的人则已属高血压；肥大反应 H 凝集效价有一些病人为 1∶80，而有一些健康人也可以有这种凝集效价。这种重叠的情况如图 5-2 所示。A 为病人的最低值，B 为非病人的最高值，在 AB 之间则既有病人，又有非病人。如果把病人与非病人的分界定在 A，固然不会漏掉病人，但会将一部分非病人划入病人组中；如果将分界定在B，虽没有将非病人误算为病人，但又会漏掉相当一部分病人；将分界定在AB之间的某个数值，则既有一小部分病人被算作了非病人（漏诊），又有一小部分非病人被算作病人（误诊）。

在选定标准时，应该考虑到假阴性（漏诊，将病人作为非病人）或假阳性（误诊，将非病人作为病人）时，鉴别诊断试验的繁简程度；漏掉一个可能的病例其后果如何，有没有什么严重性；一定间隔期后再一次检查的可能性；以及该病的患病率等因素，以拟定一个合适的标准。在流行病学调查时就严格按规定标准诊断，不允许随意更改。这样就应允许有一定程度的假阳性错误（第一类错误，α）或一定程度的假阴性错误（第二类错误，β）。

三、敏感性和特异性

诊断试验的结果有4种可能性，其中两种是正确的，即病人的试验结果阳性（称真阳性）和非病人的试验结果阴性（称真阴性）；两种是错误的，即非病人的试验结果为阳性（称假阳性）和病人的试验结果为阴性（称假阴性）。上述结果可直观地用四格表显示出来（如图5-3）。

1. 敏感性

病例组中诊断试验阳性者的比例 $a/(a+c)$。敏感性只和病人组有关，反映了该试验检出病例的能力，未能诊断出来者即为漏诊。敏感性愈高，漏诊愈少。

2. 特异性

非病例组中诊断试验阴性者的比例 $d/(b+d)$。特异性只涉及非病例组，反映了该试验排除非病例的能力，特异性愈高，误诊愈少。

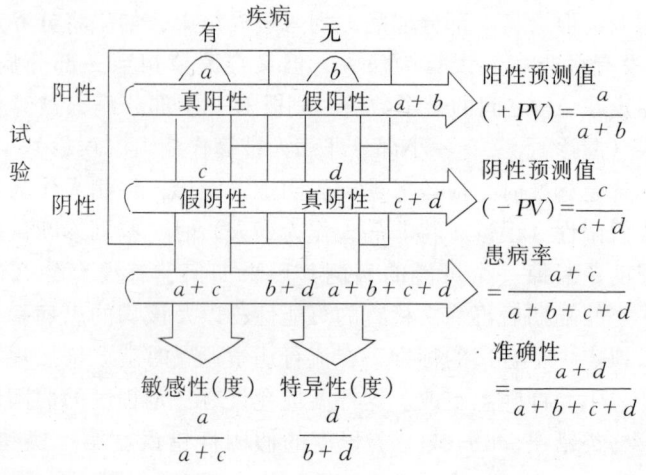

图 5-3 诊断试验的特征及各名称的定义

漏诊率=1-敏感性。即 $c/(a+c)$，误诊率=1-特异性，即 $b/(b+d)$。也有把漏诊率称为假阴性率，误诊率称为假阳性率，但有争议，认为在所有阳性者$(a+b)$中才有真阳性率 $a/(a+b)$ 和假阳性率 $b/(a+b)$，两者相加等于1，同样认为假阴性率、真阴性率分别为 $c/(c+d)$ 和 $d/(b+d)$。为了避免造成混乱，建议使用敏感性、特异性，这两个指标基本上能反映一个诊断试验的性质，也可推算漏诊率、误诊率。

实际上，诊断实验的结果很少只是阳性和阴性，而是连续性资料。表 5-1 为用手提式裂隙灯检测 1 365 只可疑青光眼的结果，当取不同的截断点或称分界点时，其敏感性和特异性也随之改变，并表现为相反的变化。敏感性增高时，特异性往往下降，反之亦然。显然，理想的试验应具有高敏感性和高特异性，遗憾的是这种情况非常少见。为此，我们在选择截断点时，需要全面比较分析。如疾病的漏诊可能造成严重的不良后果，而且一旦检出有较好的防治办法时，必须考虑高敏感性。例如，闭角性青光眼患者一旦早期发现给予周边虹膜切除术或激光治疗,就可以有效地控制病情,防止失明。当然高敏感性可能增加误诊的比例,如果确诊的一系列试验对病人有危险性就应结合试验目的,权衡利弊。例如,误诊足以导致患者肉体上、精神上和经济上较大的损失,或者即使检出病例也没有效方法时,高特异性则显得尤为重要。如病人在接受癌症化疗前,一般要求组织学确诊而不依靠特异性不高的试验。

表5-1 手提式裂隙灯诊断青光眼之敏感性、特异性变化

前房角宽度	青光眼 有	青光眼 无	敏感性 /%	特异性 /%
<1/4	14	7	23.73	99.46
1/4	23	51	62.71	95.56
1/3	12	134	83.05	85.30
2/5	6	152	93.22	73.66
1/2	4	434	100.00	40.42
>1/2	0	528		

有时,根据临床实际可灵活运用多个截断点。如在诊断早期宫外孕时,给各项检查结果、症状、体征评分,采用两个截断点,208例分成3种情况,如表5-2:

表5-2 208例患者总分分布

总评分	早期宫外孕	非宫外孕
≥6	72	5
5	3	10
≤4	2	16

如评分≥6时,病人为早期宫外孕的可能性达93.5%(72/77),

应及时临床处理；当评分为 5 分时，早期宫外孕的可能性为 23%（3/13），可密切观察；总评分≤4 时，可能性极微；小于 2%，暂不考虑宫外孕的诊断。这样由于运用了两个截断点，对不同临床情况的病人进行具体分析，使每个病人得到恰当的处理。

（3）ROC 曲线。ROC 曲线可称受试者操作特征曲线，是另一种用构图法表达敏感性和特异性的相互关系。它以敏感性为纵坐标，以特异性为横坐标，所得曲线为 ROC 曲线。图 5-4 显示

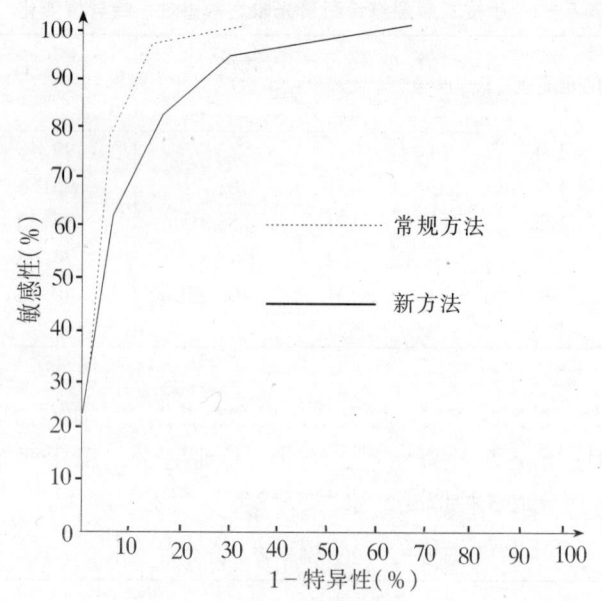

图 5-4 两种不同诊断方法的 ROC 曲线

了两种不同的诊断方法的 ROC 曲线。一般情况下，所选截断点应尽量靠近左上角，使敏感性和特异性均较高。利用 ROC 曲线。可以直观地比较两种以上的诊断试验。图中实线为根据表 5-1

资料绘制,虚线为一常规方法的 ROC 曲线。从图中可看出,新方法无论诊断的敏感性还是特异性均不及常规方法。在同时考虑检查的费用和安全性等方面时,这种比较对临床医师作出最佳选择很有帮助。

四、预测值

在一般情况下,当要作出诊断时,并不知道金标准的结果,只知道诊断试验是阳性或阴性。而临床医生更想了解的是,当诊断试验阳性时,认为患者真正有病的把握有多大;阴性时,又有多大的把握排除此病。这就是阳性预测值和阴性预测值的概念。在图 5-3 中分别用 $+PV$ 和 $-PV$ 表示。阳性预测值是真阳性数及试验阳性的总人数之比,即 $+PV = a/(a+b)$;阴性预测值是真阴性数与试验阴性的总人数之比,即 $-PV = d/(c+d)$。

如表 5-1 资料在 1/3 和 2/5 之间作为截断点,可得到表 5-3 中的结果:当某病人检查结果等于或少于 1/3 时,患有青光眼的可能性只有 20.33%;而大于 1/3 时,非青光眼的可能性为 99.11%。

表 5-3 手提式裂隙灯诊断青光眼之预测值

前房角宽度	青光眼		合 计	PV /%
	有	无		
≤1/3	49	192	1 969	20.33 = +PV
>1/3	10	11 143	11 153	99.91 = -PV
合计	59	13 063	13 122	

由上表数据可计算出敏感性为 83.05%,特异性为 85.30%,患病率为 4.32%。

诊断试验的预测值由敏感性、特异性和所检人群的患病率所确定。一般来说，敏感性愈高，阴性预测值愈高；反之，特异性愈高，阳性预测值愈高。

患病率是指调查人群中某一时点患病的比例。在诊断试验中，即被检查者中真正有病的病例（包括真阳性与假阴性）与总检查者的比例。即 $(a+c)/(a+b+c+d)$。对于被评价的诊断试验，也称为验前概率了，预测值就是验后概率。

表5-4 手提式裂隙灯普查青光眼之预测值

前房角宽度	青光眼		合 计	PV /%
	有	无		
≤1/3	49	1 920	241	$2.49 = +PV$
>1/3	10	11 143	11 153	$99.91 = -PV$
合计	59	11 335	11 394	

由上表数据可计算出敏感性为 83.05%，特异性为 85.30%，患病率为 0.45%。

由于不同的地区或人群的患病率可相差很大，在解释诊断试验结果时应特别小心。在患病率很低的人群中，即使特异性很高，在阳性结果中相对也有大量的假阳性，使阳性预测值降低；相反，患病率很高时，非常敏感的试验，也有很多的假阴性患者，使阴性预测值降低。假如把上述介绍的方法用于青光眼的人群作普查，即当敏感性、特异性不变，只是患病率降低10倍时，其结果如表5-4。与表5-3比较可发现阳性预测值大大下降。

可见，患病率对预测值的影响要比敏感性和特异性更为重要。这是因为患病率变动的幅度有时会很大，在不同的情况下可相差上千倍。而敏感性和特异性很少超过两倍。当患病率非常低时,阳性预测值接近于0,这种诊断试验对临床医生几乎没什么帮助。因此,适合大医院或教学医院的试验标准不能轻易照搬于基层小医院或现场。

当已知一个诊断试验的敏感性与特异性和人群中某病的患病率时,根据Bayes条件概率的理论,预测值可用下列公式计算:

阳性预测值:

$$+PV = \frac{患病率 \times 敏感度}{患病率 \times 敏感度 + (1-患病率)(1-特异性)}$$

阴性预测值:

$$-PV = \frac{(1-患病率) \times 特异性}{(1-患病率) \times 特异性 + 患病率 \times (1-敏感度)}$$

五、准确性

准确性也译为正确性,是诊断试验的真阳性与真阴性者占所检总例数的比例,即 $(a+d)/(a+b+c+d)$,也就是诊断的一致率,它在一定程度上反映了诊断试验的效能,所以也称为诊断效能。一般来说,敏感性特异性高,准确性也高。但单从准确性尚不能估计敏感性或特异性。由于敏感性与特异性的临床意义不同,也就是漏诊与误诊的代价不一样,同样高准确性的两个诊断试验,敏感性与特异性就不相等,他们的临床价值也就不同,所以不能单用准确性。准确性也受患病率的影响,它们的关系是:

准确性 = 敏感性 × 患病率 + 特异性 × (1 - 患病率)。

六、似然比 (likelihood ratio,简称 LR)

似然比是用诊断试验中某些指标比值来判断是否有病及其可

靠程度的指标。

似然比在四格表中分阳性似然比（+LR）和阴性似然比（-LR）两种。

$$+LR = \frac{敏感性}{1-特异性} = \frac{a}{a+c} : \frac{b}{b+d}$$

阳性似然比表示当该项诊断试验获得阳性结果时，其正确诊断真正有病的可能性，是错误地将无病诊为有病的可能性的多少倍，从而反映了判断正确的可能程度。显然+LR值越大，此诊断试验的诊断价值就越高。

$$-LR = \frac{1-敏感性}{特异性} = \frac{c}{a+c} : \frac{b+d}{d}$$

阴性似然比表示当该项诊断试验获得阴性结果时，其错误地将有病诊为无病的可能性，是正确诊断为无病的可能性的多少倍，从而反映了判断错误的可能程度。显然-LR值越小，此诊断试验的诊断价值就越高。

似然比有3个特性：

（1）由于构成似然比的比率在四格表中是垂直计算的，故比较稳定，不随患病率的改变而改变。现举一例来说明似然比的构成。设有230例心肌梗塞和130例非心肌梗塞的患者进行了血清磷酸肌酸激酶（简称CK）的检查。检查结果以80μ为截断点，其四格表如下，并计算其似然比，见表5-5：

表 5-5 以 80μ 为截断值 CK 结果的似然比

		心肌梗塞				
		有		无		
		例数	比	例数	比	似然比
CK 结果	阳性 ≥80μ	215 (a)	$\frac{a}{a+c}=\frac{215}{230}$ $=0.9348$	16 (b)	$\frac{b}{b+d}=\frac{16}{130}$ $=0.1231$	$\frac{0.9348}{0.1231}$ $=7.60$
	阴性 <80μ	(c) 15	$\frac{c}{a+c}=\frac{15}{230}$ $=0.0652$	(d) 114	$\frac{d}{b+d}=\frac{114}{130}$ $=0.8729$	$\frac{0.0652}{0.8729}$ $=0.07$
		230		130		

从表 3-5 计算可得出：$+LR=7.6$，$-LR=0.07$。

（2）如果是连续性的资料采用不同的截断点时，可计算不同的似然比，如表 5-6 计算多层次的 LR，能大大地增加临床信息。

（3）缩短了诊断步骤，因为应用似然比来求诊断试验结果阳性（异常）有病的概率很简单，其公式如下：

$$验前比 \times LR = 验后比$$

而：
$$\frac{验前概率}{1-验前概率} = 验前比$$

$$\frac{验后比}{验后比+1} = 验后概率$$

表 5-6 不同水平 CK 结果的似然比

		心肌梗塞				
		有		无		
		数量	比	数量	比	似然比
CK 结果	>280μ	97	$\frac{97}{230}=0.4217$	1	$\frac{1}{130}=0.0077$	$\frac{0.4217}{0.0077}=55.00$
	80-279μ	118	$\frac{118}{230}=0.5130$	15	$\frac{15}{130}=0.1154$	$\frac{0.5130}{0.1154}=4.40$
	40-79μ	13	$\frac{13}{230}=0.5565$	26	$\frac{26}{130}=0.2000$	$\frac{0.0565}{0.2000}=0.30$
	1-39μ	2	$\frac{2}{230}=0.0087$	88	$\frac{88}{130}=0.6769$	$\frac{0.0087}{0.6769}=0.01$
		230		130		

另外，验后概率也可通过诺模图（Nomogram）求出。见图 5-5。

病例：某男性患者，55 岁出现胸痛，根据一般临床经验，医生认为患心绞痛的可能性约 50%，即验前概率 = 0.50。

验前比即为：$0.50 / (1-0.50) = 0.50 / 0.50 = 1 : 1$

如果 CK（血清磷酸肌酸激酶）检查结果是 180μ，查表 5-5，$LR=4.4$，那么验后比为 $1 : 1 \times 4.4 = 4.4 : 1$。

$$验后概率 = \frac{4.4}{4.4+1} = 81\%$$

也就是说，这个患者现在患心绞痛的可能性增加到 81%，已经有较大把握下心绞痛的诊断了。

如果医生仍不满意此结果，还想做进一步的检查，那么这

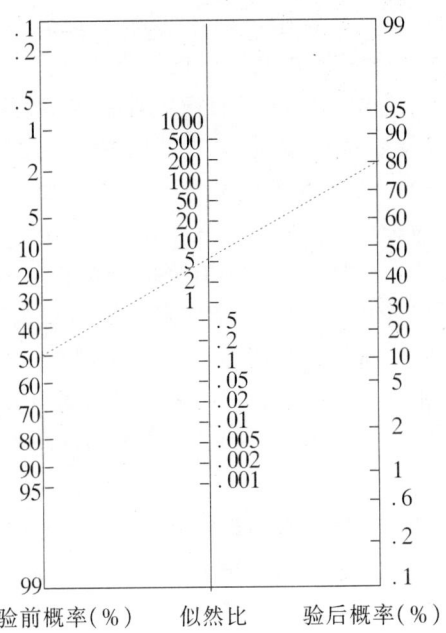

图 5-5 诺模图(Nomogram)

时,81%就成为下一步的验前概率,然后根据检查结果求出第二个试验的验后概率。

假如某患者的验前概率为 50%,CK 是 300μ,试分别查表 5-5 和表 5-6 的似然比,计算两个验后概率,并作比较。验后概率为什么存在差异?有什么临床意义?

七、诊断方法的评价

(一) 可靠性

用同一种方法在同样条件下,对相同的人群进行一次以上的检查，结果愈恒定（试验结果稳定性高），此诊断方法的可靠性愈高。影响一种诊断方法的可靠性的因素有三：

(1) 方法的差异。如试剂的稳定性及被测物质数值的波动（如被测物的昼夜差异）。试验方法可受试剂质量、配制方法、温湿度等因素影响。仪器也可受外环境因素（如温度、湿度、安静、振动等）的影响，使测量值发生误差。所以，在进行诊断试验时必须对仪器、药品、条件等有严格的规定。

(2) 被观察者的个体生物学变异。如血压值在上、下午和冬、夏季不相同，血糖值在饭前、饭后不相同，身体上下肢、左右侧反应不尽相同等。此时，同一测量者用同一方法对同样被观察对象的测定结果也有不同。因此，应严格规定观测的条件（如时间、部位等）。

(3) 观察者的变异。包括观察者自身的变异（如不同的时间或条件时）和观察者之间的变异。如数人筛检高血压时，必须预先经过训练，使几名观察者判断同一人同时的血压值差异在 $0.267\ \text{kPa}$ 之内。

对诊断方法的可靠性，可以用变异系数来表示：

$$变异系数 = \frac{测定值均数的标准差}{测定值均数} \times 100\%$$

另外，还可以用不同观察者的符合率来判断其可靠性。

减少影响可靠性的方法：检查方法标准化，观察者应该经过严格的训练，方法准确、简单，不要采大量血，不要引起被观察者疼痛或不舒服，等等。此外，诊断指标不要定得的太多；不要不管有否相关，只要本单位有检查就一齐都用上。后者徒增加经济开支。

(二) 真实性

真实性又称有效性。诊断试验的真实性是测定值与真实相符合的程度。评价诊断试验的真实性通常用该诊断试验的灵敏度(当然就有假阳性率和假阴性率)。人们希望所用的诊断试验方法是灵敏度和特异度都高的。可是从图5-2可见，将分界线向右移，则提高特异度，但灵敏度下降；而将分界线向左移，则提高灵敏度，但特异度就下降。

第三节 提高临床诊断效率

所谓诊断效率是用最少的检查手段，在尽量短的时间内，使病人得到准确的判断。寻找敏感性、特异性更高和检测更迅速的新方法，是医生、病人所期望的。在现有条件下，可行的方法有：

一、提高患病率（或验前概率）

比较表5-2和表5-3或从Bayes公式中可知，当诊断试验不变（即敏感性或特异性不变）时，阳性预测值就随患病率升高而变大。在诺模图中更为直观地显示，如似然比固定，验前概率愈简，验后概率也就愈高；阳性预测值（验后概率）愈简，诊断疾病的把握也就愈大。

在临床上可通过询问病史、体格检查或高危人群的筛检等一般的实验室检测手段，大大减少假阳性例数来提高患病率，进而提高阳性预测值，使病人得到及时确诊。

二、联合试验

临床上常用的诊断试验都是不够完善的，敏感性、特异性均低于100%，因而只依靠单项试验来诊断疾病的情况是很少的，通常是联合使用两种或更多的试验。以两项试验联合为例，其结果不外乎有4种情况，判断方法如表5-7：

表5-7 联合试验的判断方法

可能结局	试验A	试验B	
1	+	+	→系列试验阳性
2	+	−	→平行试验阳性
3	−	+	
4	−	−	

（一）平行试验

平行试验即同时做了几个试验，任何一个阳性结果都可为患病的证据，这样放宽了诊断的标准，提高了诊断的敏感性和阴性观测值，降低了特异性和阳性预测值，也就是减少了漏诊。当临床医生需要一种很敏感的试验，而又不易得到时，如平行使用两种不太敏感的试验，将会有所帮助。这样做的代价是增加了误诊率。

（二）系列试验

系列试验即只有当一系列的试验均为阳性时才认为是有病，如果前一个试验为阴性结果，则后面的试验就不必继续下去了。由于严格了有病的界限，提高了特异性和阳性预测值，但也增加了漏诊的危险。系列试验适应于：①不需要迅速做出诊断的情况，因为是否做后一个试验取决于前一个试验的结果，费时较多；②当某些试验昂贵或有危险时，仅在使用简便、安全的试验后提示有病的可能才进一步做这些试验，如果这些条件差不多时，应首先使用特异性最高的试验，这样可以使得接受后一种方法的人减少。

把多项试验的结果与"金标准"比较,可计算诊断试验的各项指标。如果已知A,B两试验的敏感性、特异性,通过下述公式,也可推算联合试验的敏感性、特异性。

二项平行试验:

联合敏感性 = 敏感性 A + [(1-敏感性 A) × 敏感性 B]

联合特异性 = 特异性 A × 特异性 B

二项系列试验:

联合敏感性 = 敏感性 A × 敏感性 B

联合特异性 = 特异性 A + [(1-特异性 A) × 特异性 B]

上述公式推算的结果与实际的结果会有差异,如果两次试验愈接近"相互独立"(即试验A的结果出现与试验B的结果无关),这种差异就愈小。临床上有些临床表现或实验室检查之间并不"独立",而是存在一种关联性。如在早期宫外孕的诊断中,有附件包块,B超易出现阳性结果,下腹压痛也多见。而有些试验反映了疾病的不同方面,在诊断时有相互补充的作用。这些都说明在联合试验中,各项检查的价值存在"相加与拮抗"效应。

如要分析多项试验联合诊断的敏感性、特异性,结果多而且复杂,平行、系列可以混合一起,还有先后顺序的问题,这只有把数据输入计算机,对各种组合的临床数据进行分析。

(三) 多因素分析

临床疾病表现之复杂,绝非几次试验能描述清楚。目前许多多因素方法已用于诊断方面的研究,如多元回归、判别分析、Logistic回归以及"计算机辅助诊断系统"等等,但这些方法临床医生使用起来仍受一些条件的限制,难以推广应用。能否寻找一种既使用简单,又能同时提高敏感性、特异性的方法供临床应用?

通过208例可疑早期宫外孕患者（包括早期宫外孕、先兆流产、子宫内膜异位症、慢性盆腔炎等）资料，分析了B超、尿HCG、宫颈举痛、阴道出血、附件包块、下腹压痛等表现的单项、多项联合试验的敏感性、特异性和似然比，结果不是敏感性提高、特异性下降，就是特异性提高、敏感性下降，临床医生也很难记住哪几项组合敏感性提高或特异性提高，后来，根据单项和多项联合的结果及规律，给每次表现按诊断价值大小赋值（或评分），通过在计算机模拟、调整，找出使敏感性特异性最高的最佳评分系统：B超阳性4分、宫颈举痛3分、尿NCG（312～10 000 u/L）2分、附件包块2分、阴道出血、下腹痛和压痛反跳痛各1分。如果患者的总分≥6分，阳性预测值93.5%（见表5-2）。这种评分法的敏感性为93.5%，特异性96.2%。比任何一种单项试验的敏感性、特异性均高，避免了敏感性、特异性"坐翘翘板"的现象，更重要的是，此评分法易记，医生乐于接受，有一定实用价值。

第六章 临床试验设计

第一节 临床试验设计的意义

临床试验是以病人为研究对象,比较干预与对照所显示的效果及其临床价值的一种前瞻性研究。临床试验设计在临床试验研究中占有十分重要的地位。国家卫生部已于 1985 年制定的《新药审批办法》中明确规定了新药在申报生产前必须在指定的临床研究基地进行临床试验。例如,某医师欲研究治疗胃溃疡的新药的疗效,首先应根据研究目的提出一个合理的研究假设。比如该药的疗效是否和标准药物——法莫替丁的效果相近或更优。为了验证假设,必须在研究的全过程中采取有力的措施,控制各种干扰因素,保证该试验取得较为客观的结果。这是因为影响胃溃疡患者病情转归的因素,除了研究假设中规定的试验因素(两种药物)以外,还会受到许多非试验因素的影响,例如饮食结构的变化、辅助治疗措施、精神状态等等。因此,进行试验之前,研究者应当经过周密的思考,作出一个合理的设计,其中包括采取各种措施控制非试验因素对治疗效果的干扰,使试验因素(药物的疗效)的效应能充分显示出来,保证临床试验取得预期的结果、回答研究假设所提出的问题。

临床医师在临床以病人为对象的实验习惯上称为试验,其设计即为临床试验设计。临床工作的目的在于把病治好。为了治好病人和提高疗效,医务工作者常常要考虑采用一些新的药物或新的疗法,至于如何评价疗效,历史上有一个发展过程。最初评价疗效的方法主要是靠经验。祖国医学中"神农尝百草"就是在经验中寻找有效药物的例证。很多先人的"医案"可以说是"成功的经验集",但是医案往往只记载成功的经验,而很少记载失败的教训,而且经得起长期考验的良方或疗法,往往是较少的。甚至有许多实际上无效而当作有效的疗法,经过一段实践逐步被淘汰的事例也是不少的。例如曾经风行一时的"鸡血疗法"、"饮水疗法"、"卤碱疗法"、"甩手疗法"等等即属于这一例证。这是因为有的急性病,即使不经治疗,大多数病人也是可以转归痊愈的,死亡的一般是少数;有的慢性病则可以随着气候、休息、营养等条件的改变而自然缓解或自然痊愈。这里就提出了一个科学的试验方法问题。科学的试验方法是随着医学科学的发展和数理统计在医学科学中的运用而逐步发展完善起来的。例如,肺结核的治疗在1924年曾用"金疗法",但其治疗价值在以后的15年中始终未能肯定。而当链霉素、对氨柳酸(PAS)和异烟肼出现时,通过采用数理统计理论的合理设计,仅仅在几个月内就肯定了3种药物对肺结核的疗效。因此,在近代医学中,采用周密而科学的临床试验设计已被广泛重视和承认。临床试验设计就是总结了前人经验,并采用数理统计原理,在试验设计中尽可能地避免各种影响试验结果的偏差,并使试验能在更少人力、物力和时间的条件下,得出比较肯定和正确的结论。正确地完成临床试验设计是开展临床科学研究和进行科研总结的重要前提。

第二节 临床试验设计的特点

临床试验是按科学的试验方法研究疾病临床阶段的规律的试验,包括研究某一疾病的病因或机理,寻找早期诊断指标,根据病因或临床转归等制定疾病的临床分型;研究影响疗效的因素及疗效对比等。其中以疗效对比最为常用,它是将某种新的治疗方法在部分病人中试用,与一般方法或无处理对照进行比较,对其临床疗效作出科学的估计。

一、临床试验的复杂性

临床试验除应遵循科研设计的基本原则和方法外,在病例选择、设立对照、疗效选择、避免试验偏性及效果评价方面均有特点。这是由于以下原因所致:

(1) 临床研究的对象是人,是有生命、有思想的,尤应注意医德问题;

(2) 人有个体差异且个体差异大,除生物学的变异外还有心理因素所致的变异,而且不易控制;

(3) 试验例数受限制,不能像动物实验那样需要多少就做多少;

(4) 由于各种因素的影响,受试对象中途停止观察的人数较多;

(5) 试验不能像动物那样同时进入观察,一般受试对象是陆续接受试验的,因此时间不同会影响试验结果;

(6) 临床试验比动物实验复杂得多,研究者只能控制其中部分因素,故常需例数较多。

(7) 临床观察时间较长,前后条件较难一致,往往观察期间遇有合并症时,又需添加应急处理,所以临床处理因素的标准化很难保证;

(8) 临床患者的衣、食、住、行等复杂多样,很难一一加以控制。

二、临床试验的特点

(一) 病例选择

受试对象的诊断必须明确可靠,应制定统一的诊断标准,包括疾病分期、病情程度及急慢性等,使受试对象标准化。诊断标准要有体征、化验及其他检查结果作依据。当不能排除病人是否已患另一种影响研究结果的疾病时,则不应该选作受试对象。已知某因素影响疗效时,可先规定该因素的选定范围,如各年龄组生长发育状况不同,选择受试对象时要限定年龄范围。在观察急性病的疗效时应选择病程在一定范围内。

(二) 设立正确的对照

一般不设无处理对照,而是以一般疗法或现有最有效的疗法作对照组。但病情较轻、病情长期稳定、无任何危险性的疾病,如感冒、慢性关节炎、近视、重听等,也可设立无处理对照组。有些临床试验表面上无对照组,如急性粒细胞性白血病、肺癌等,因其病死率较高,而高病死率本身就是一种对照。对照的设立要注意均衡性。除了处理因素外,其他非处理因素组间要一致,为此可采用配对或配伍组试验设计等方法。

(三) 疗法选择

研究者常需在多种治疗方法中选定一个或几个有效的方法。为此,应先收集每种疗法治疗后可能出现的各种反应和效果,以决定采取何法。

(四) 防止试验的偏性

病人对治疗的反应不一定完全是处理因素的作用，还包括病人心理状态、生产生活条件以及社会因素等的影响。对病人的心理影响，不仅来源于病人本身，也来源于研究者和周围所有人员。医师主观的成见和不自觉的偏性也会影响结果的判断，出现较大的估计误差。为消除上述影响，双盲法和安慰剂是临床研究的有效方法。所谓"双盲法"是指在试验结束前，病人和执行的医务人员都不知道谁被分配在试验组或对照组，这样可以避免来自病人和医务人员两方面的偏性。所谓"安慰剂"是指试验用的药物或疗法在药物的剂型上或处置上都不能为受试者所区别，而且是一种无药理作用的"假药"。使用安慰剂有助于使对照组病人避免产生不同于试验组病人的各种心理作用。举一双盲的例子：有人欲证实钼线照射脑下垂体是否有治疗高血压的作用，将60名高血压患者随机分为两组，两组间均有可比性，两组病人均每天到放射科接受"治疗"，A组每天照射一定剂量的钼线，B组只是空照（没有任何放射线），病人及观察病人的医生均不知道病人接受的是什么内容。这样做是因为如果病人知道自己每天到放射科去只是装样子，实际未接受任何治疗，心理上一定会产生不满、怀疑，甚至恐惧的情绪，这种情绪必然会降低安慰剂（本例为空照）的作用；另一方面，如果观察病情的医师知道病人实际是否接受了钼线照射时，会自觉不自觉地把自己对钼线照射脑下垂体治疗高血压的态度传给病人。例如，若医生对这一措施有良好印象，他是很难摆脱这一感受的，当他询问病人"感觉如何"时，病人回答"未见好"，他就会追问"一点儿也不好吗？"病人也许碍于面子等，随便回答了一句"也不是一点儿不好"，于是医生在病历上留下了"好转"的记录。由此可见双盲法的重要性。

(五) 效果评价

效果评价包括治疗方法的选择，疗效指标的拟定和指标的分析。指标有单一指标和复合指标两种。单一指标在临床疗效判定上较少用，因为它不能对疗效作出全面评价，临床上常用复合指标，复合指标又可分为有效性指标（轻度改善、中度改善、高度改善、治愈等）和无效性指标（轻度恶化、中度恶化、高度恶化、死亡等）两种。复合指标必须有明确的客观标准，要注意防止估计误差的产生，如过高的估计疗效。远期疗效是临床试验效果评价中一个极为关心的问题，常用指标有生存率、致残致畸和后遗症等。疗效指标还可分为计量指标和计数指标，选用时前者较后者为好；又可分为客观指标和主观指标，应尽量选择前者而不选或少选主观指标。在下结论时，因为是抽样研究，对所有指标数据要注意做假设检验，如 t 检验、χ^2 检验、方差分析、秩和检验、Ridit 分析、生存率分析等。

第三节　临床试验设计的基本内容

一、建立研究假设

研究题目确定以后，应当根据研究目的确定研究假设。一般来说，可以表达为问题的形式，而且分清研究的主要问题和辅助问题。实际上，主要问题就是本次研究的研究假设；辅助问题是进一步补充说明和完善本次研究的假设。现以研究某药治疗慢性胃炎的疗效举例说明。

主要问题：某药治疗慢性胃炎是否有效（治愈率是否高于对照组）？

辅助问题：
(1) 中青年组和老年组的慢性胃炎治愈率是否相同？
(2) 该药有无副作用（肝、肾功能损害的情况）？
(3) 受试对象的依从性如何？

由此可见，主要研究的问题十分重要，临床试验的结果应对此作出确切的回答。因而在临床试验设计的各个环节中，研究者都应围绕此问题进行周密的安排，采取有效的措施，控制各种非试验因素的干扰，保证本次研究取得满意的结果。辅助问题是对主要研究问题的补充说明，必须紧紧围绕主题进行安排，不宜将与此无关的问题作为辅助问题列入该试验的内容，作为本次试验的副产品。若对辅助问题进行深入研究，这将会耗费更多的人力物力，如前例中提出中老年组和青年组慢性胃炎的治愈率，若划分为老中青3组进行比较，将会增大样本含量。若再增加胃炎病情严重程度的治愈率，以轻中重划分等级比较，则需要更大的样本含量。研究者必须充分考虑到这些因素，估计其可行性。

二、明确研究范围

根据研究目的建立研究假设之后，应当抓住临床试验中的3个基本要素，即处理因素、试验效应和受试对象。基本要素的确定正确与否直接影响到试验的结果。因此，在临床试验设计中占有重要地位。首先应当明确受试对象所组成的研究总体。例如，研究某药对高血压患者的疗效，应当说，每一个高血压患者都应当是试验对象，实际上，在临床试验中所采用的处理措施，往往具有特定的限制条件。例如，任何一种手术和特殊检查都有特定的适应症；任何一种药物都是对某些类型的患者最为敏感，某些患者则不适宜选用。因此，必须明确规定本次实际研究的总体范围。例如，研究某药对高血压患者的降压作用，研究者首先应当确定原发性高血压的诊断标准以及检查方法。如规定每日清晨经同一血压计进行 3 次测量,舒张压平均在 12.5kPa(94mmHg)以上的患者,方能作为研究对象。根据研究目的,规定排除有心脏、肾脏、脑血管等脏器损害的高血压病患者,以便集中观察该药对高血压病的降压效果。可见,研究者可以通过规定适宜进入试验的患者(或对象)的标准,简称适宜选入标准,确定研究总体,此标准又可分为试验患者的纳入标准和排除标准,并用这些标准选择适宜本次试验的对象。在确定适宜选入标准的时候应当注意以下问题:

(1)在某些临床试验中应注意纳入那些对处理因素的效应反应灵敏的患者作为研究对象,以免无反应对象的干扰。如研究某药纠正冠心病患者心律紊乱的疗效,应选择经常发作心律紊乱的冠心病患者,排除那些几天或几个月发作一次短暂心律失常的患者作为研究对象,因为他们在观察时期内很可能对该药的治疗效果不作出反应。

(2)某些处理措施对一些特殊的人群将会产生有害的作用,也应排除于试验之外。如许多药物对妊娠有影响,孕妇即应排除在试验之外。一些特殊的检查如食道镜、胃镜等,伴有禁忌症的患者应排除在外。

(3)纳入标准和排除标准应当用条文明确规定成为书面形式,让所有参与研究的医务工作者都知道,以便认真执行。在总结研究成果时,也应说明本次研究的纳入和排除标准,以便他人引用时参考,并为今后的研究对比提供条件。

三、确立处理因素

试验中的处理因素是根据研究目的而施加的特定试验措施(如试验中给予的某种试验药物,实行某种手术等),为了增强可比性，临床试验通常设立对照措施，如用安慰剂或者用标准药物，应当强调对照也是一种处理措施。在确定处理因素时应当注意以下几点：

（1）分清处理因素和非处理因素。例如，研究某药物治疗慢性胃炎的效果，处理因素为该试验药物及其对照措施（标准药物或安慰剂）；合理调配饮食结构和其他的辅助治疗措施也能缓解症状，有助于康复，但这不是本次研究的处理因素。研究者应采取各种措施，尽可能使某些非处理因素在所比较的各组中相同，以便充分显示处理因素的作用。

（2）处理因素应当标准化。一般应当使处理因素在整个试验过程中始终如一，保持不变。如在试验过程中试验药物的批号、剂量应当一致，手术和操作的熟练程度也都应当从始到终保持恒定，否则将会影响试验结果的准确性。

四、明确观察指标

临床试验中的试验效应主要指处理因素作用于试验对象的反应，这种效应将通过临床试验中观察指标显示出来，因而指标的选择也是试验设计时应当认真对待的问题，主要应当注意以下几点：

（1）选用客观性较强的指标。最好选用易于量化即经过仪器测量和检验而获得的指标，它比凭医生询问病人而获得的指标更为客观可靠。在一般情况下，化验室的检查结果和病理学的诊断意见，比单纯的临床诊断更为重要和客观可靠。如某药治疗慢性胃炎的疗效，选用胃镜下活体组织的病理学诊断结果，作为判断治疗效果的观察指标更为客观可靠。有的临床试验难于用定量指标描述而必须选用定性指标时，应当选择易于量化的方法加以表达，如表示疼痛的指标不宜用"痛"和"不痛"表示，而应当分级描述疼痛的程度，如 1~10 分由轻到重表示疼痛的程度等。

（2）选用灵敏度较高的指标。应当选择对处理因素反应较为灵敏的指标，使处理因素的效应能较好的显示出来。例如研究某药治疗缺铁性贫血的效果，可以选用临床症状、体征或比色法测定血红蛋白量，也可选用血清铁蛋白含量的变化等作为观察指标，前三者作为观察指标不够灵敏，只有在缺铁较为明显的情况下才会出现血红蛋白的变化、贫血的症状和体征，但若选用血清铁蛋白的含量作为观察指标，则可敏锐地反映出处理因素的效应。

（3）选用精确性比较强的指标。指标的精确性应当包括准确度和精密度两个方面。准确度是观察值与真值的接近程度；精密度是在重复观察时，观察值与其平均值的接近程度。选择指标时应同时考虑指标的准确度和精密度，两者有着密切的关系，当然准确度更为重要。在实际工作中，应根据研究目的来权衡两者的重要性。

总之，所确定的指标应当灵敏准确地反映处理因素的效应，经过对观察指标的比较分析，能够较为圆满地回答科研假设中提出的问题。观察指标应当精选，与研究目的无关的指标不宜列入，否则将会冲淡主题，影响研究的结果。

五、控制误差和偏倚

临床试验的结果可能受到以下三方面因素的影响：①真正由于试验中采用的处理因素作用的影响，这是研究者所期望的试验结果；②受到偏倚的干扰所致；③受到各种误差的干扰。临床试验设计的重要任务之一，就是采取各种有效措施控制误差和偏倚，使处理措施的效果能够真正地体现出来。有关误差和偏倚的控制方法详见第四章。

第四节 临床试验常用的设计方案

根据临床试验设计的基本原理,研究者可以自行决定采用各种设计方案。当前设计方案的模式有多种,现将临床研究中常用的几种设计方案介绍如下:

一、随机对照试验

随机对照试验的设计方案是首先将受试对象随机分配到试验组和对照组,通过比较分析回答科研假设的问题。对照措施可采用安慰剂或标准药物。

随机双盲对照试验是在前设计方案的基础上再采用双盲法,从而进一步避免了人为心理因素和精神状态的影响,有利于克服干扰等偏倚,提高依从性,更能真实地反映试验的效应,是目前国际上公认的值得提倡的临床试验设计方案,特别适用于治疗效果、疾病的愈后和诊断试验的研究。但是并非每一个临床试验都可以采用盲法,有些处理措施十分明显,不可能贯彻盲法,研究者必须实事求是地加以选择。

随机分配时可以利用随机排列表将试验对象随机分配到试验组和对照组,采取不同的处理措施进行比较。此类资料可用单因素的方差分析进行统计分析。

二、配对设计

将试验对象按一定条件配成对子。如将年龄、性别、病情、生活水平等因素相近的患者配成对子,再对随机分配到每对中的两个患者以不同的处理方式进行处理,称为配对设计。若系动物实验，可将种属性别相同、年龄体重相近的动物配成对子，增强处理组间的均衡性，提高试验效率。

三、交叉设计

交叉设计是一种特殊的自身对照设计。它克服了试验前后自身对照由于观察期间各种非试验因素对试验结果的影响所造成的偏倚。在进行设计时，首先将条件相近的观察对象配对，再用随机分配的方法决定其中之一先采用处理方式 A，然后是处理方式 B；另一研究对象则先用 B 再用 A。结果使得一半对象先接受 A，再接受 B；另一半对象先接受 B，再接受 A。两种处理方式在研究过程中交叉进行。由于 A，B 两种处理方式先后试验的机会均等，因而平衡了试验顺序的影响，并且可以通过假设检验，对处理方式之间和时间先后之间的差别分别进行分析。

由此可见，交叉设计要求样本含量为偶数，并将条件相近的配对，随机分配决定进行处理方式 A 和 B 的顺序。

交叉设计的优点是：①节约样本含量；②能够控制时间因素及个体差异对处理方式的影响（因而它优于一般的自身对照实验）；③每一个试验对象同时接受试验因素和对照（如安慰剂），从医德的观点出发，均等地考虑了每一个患者的利益。

使用交叉设计时应当注意：

（1）该设计的基本前提是两种处理方式不能相互影响，即首先进行的处理方式不应对后者的效应有所影响。因此，两次试验之间应当有间隔，间隔时间的长短决定于药物从体内排除的时间。研究者可以参照药典或预备试验中药物在血清中的衰减程度，决定其间隔期限。

（2）交叉设计不适用于病程较短的急性病治疗效果的研究，如大叶性肺炎、急性扁桃腺炎等，因为如果在第一阶段给予试验措施该病便已治愈，第二阶段的措施则不可能反映出来。因此，交叉设计只适用于某些病程相对较长的疾病。

（3）交叉设计试验应当采用盲法，使研究者和患者都不知道有效药物在哪一阶段使用，以免产生偏倚。特别是患者在第一阶段使用有效的药物后，便退出试验，这将会严重地影响研究结果。因此应注意控制患者退出试验的比例，尽可能使其降低到最低程度。

在交叉设计中，试验对象的随机分配方法与在配对设计中是一样的，两种设计的基本原理都要求把试验对象配成对子，再随机分配到试验组和对照组中去。

四、配伍组设计

配伍组设计亦称随机区组设计，实际是配对的扩大。具体做法是将条件相近的试验对象配成一组，称为配伍组合。每个配伍组的试验对象数取决于对比组的组数。如果一个试验有4个对比组，那么一个配伍组就有4个试验对象。然后将每个配伍组中的试验对象按随机的方法分到各个对比组中去，给予不同处理。此种设计增强了各组间的均衡性，可进一步控制混杂性偏倚。此种设计着重于控制每一配伍组内的各试验对象尽可能齐同。

五、2×2析因设计

在临床研究中，许多试验因素之间往往是相互联系、相互制约的，有时当一种因素的质和量改变时，另一种现象的质和量也随之改变。例如，当同时研究两种试验因素（如两种药物）的效果，而每种因素又有两个水平（如用药和不用药）时，某种药物的水平变化有可能使另一种药物的水平也随之发生变化，此时析因设计是一种十分有用的设计。它不仅可以检验两因素各水平之间的差异有无统计学意义，而且可以检验两因素间的交互作用。若两因素间存在交互作用，甲因素的水平改变时，乙因素的效应也相应有所改变；若无交互作用，两者是相互独立的。

析因试验的结果可用方差分析进行假设检验。析因设计的优点在于节约样本含量，若将两种药物分别进行随机对照试验，析因设计将节约样本含量的1/2，若用两种药物相互对比的设计，可节约1/3的样本含量。析因设计实验对象的随机分配方式可采用多组单纯随机分配方式进行。

六、序贯试验

通常的临床试验总是根据事前试验设计的要求，全部取得试验结果后，再进行统计处理，检验研究假设的正确性。序贯检验则不同，它是根据序贯试验的各种要求，对受试对象进行逐个（或逐对）的试验，并在每一次试验结果出现后，就以累计的信息进行一次检验，一旦可以作出拒绝或不拒绝检验假设的判断时，即可停止试验，对整个试验结果作出结论。目前序贯检验已在临床试验中广泛运用。现将序贯试验的原理和方法介绍如下：

(一) 序贯试验的优点

(1) 由于序贯试验是逐一进行的，与用两样本进行分析的方法相比，用少于后者30%～50%的样本含量便可达到同样的检验效能，因而特别适用于某些罕见疾病的临床试验。对于这些疾病，临床工作者往往难以在较短的时期内取得足够的观察例数以保证较高的检验效能，而序贯试验则在这方面有着明显的优点。

(2) 在某些临床试验中，某种药物的副作用不够清楚；或者虽然毒性较大，但目前尚无理想的药物代替，就必须对该药进行研究。这时可采用序贯试验对受试对象进行逐个试验，一旦发现毒性过大，有可能造成较大的损害时，则可立即停止试验。

(3) 序贯试验能够节约样本含量，所以在某些试验药物昂贵或者试验中要求较高的技术条件时，则更为适宜。由于在新药试验时除了需要判断其疗效是否有统计学意义外，还必须观察药物的毒性、依从性等，因此样本例数太少不可能对上述因素作出结论，限制了序贯试验的应用范围。但是作为药物的预试验和某些罕见疾病的疗效观察还是可取的。

(二) 序贯试验的适用条件和注意事项

(1) 序贯试验是逐一对受试对象进行试验，因而要求能在较短时间内观察到试验效应的结果，所以对某些疗程较长的慢性疾病的临床试验不宜采用序贯试验。

(2) 序贯试验适用于单一指标试验，如用治愈率（或病死率、缓解率等）反映治疗效果的临床试验。

(3) 根据统计资料的性质和假设检验的基本原理，序贯试验可以分做若干类型。根据观察指标的性质可分为：质反应序贯试验（用定性指标，如治愈与否、病死与否、缓解与否等）和量反应序贯试验（用定量指标，如体重、胆固醇含量等）。根据在设计时是否对样本含量有所限制分为：开放型序贯试验，即设计时对样本数不加任何限制，逐一试验直到取得统计结论为止；闭锁型序贯试验，即设计时预先规定最大样本含量，研究者可以肯定不超过规定的样本含量必然取得统计结论。根据单侧检验和双侧检验的原理，可以分为单向和双向序贯试验。例如，根据研究假设，欲了解新药是否优与旧药为单向序贯试验，了解两药的效果何者为优为双向序贯试验。

每一种序贯试验都有其专门的设计和要求，研究者可以根据需要参考有关书籍加以选用。

附：1975年在东京召开的世界医学大会所通过的赫尔辛基宣言

为指导医生们进行涉及人体的生物医学研究的推荐书

(1964年在芬兰赫尔辛基召开的第18次世界医学大会通过，1975年在日本东京召开的第29次世界医学大会修正通过。)

一、序言

医生的使命是保护人民的健康，他的知识和良知应贡献于完成这一使命。

世界医学会的日内瓦宣言宣告，医生"首先考虑的应是其病人的健康"。医学伦理学国际公约规定，"任何削弱一个人的身体的或精神的抵抗力的行动或劝说，只有在对该人有利的情况下才能采取"。涉及人的生物医学研究之目的必须是改善诊断、治疗和预防措施及了解疾病的病因和发病机理。

在当今的医疗实践中，大多数诊断、治疗或预防措施都包含有伤害，生物医学研究也如此。

医学的进步要靠研究，而这种研究最终至少部分地要靠以人为对象的实验。

应该认识到在生物医学研究中有两类完全不同的医学研究，一种研究其目的基本上是对患者的诊断或治疗；另一种研究，其主要目的是纯科学性的，对被研究的对象没有直接的诊断或治疗价值。

对于可能影响环境的研究，在进行时要特别注意。对实验动物的生存条件也应给予足够重视。

把实验成果应用于人类以促进科学知识和拯救人类是至关重要的，因此世界医学会制定了医生在从事以人为对象的生物医学研究时应遵循的指导原则，今后还要随时加以审核。必须指出，草拟的标准只是对全世界医生的一种指导方针而已，并不能以此免除医生们根据其本国法律所应承担的刑事、民事及伦理责任。

二、基本原则

（1）涉及人的生物医学研究必须符合普遍接受的科学原则，应有充分的实验室及动物实验依据和对科学文献的全面知识。

（2）涉及人的每一步骤之设计与执行方案必须详细写出，送交独立的专门机构审查。

（3）涉及人的生物医学研究只能由合格的科学人员在一位合格的临床医务人员监督下进行，必须由合格的医务人员对受试者负责，而决不能由受试者本人负责，即使他本人同意也不行。

（4）涉及人的生物医学研究，除非其目的之重要性与其固有的危险性相比是值得的，否则不应进行。

（5）在进行任一项涉及人的生物研究之前，必须先对可预见的危险和受试者或他人的利益仔细权衡，必须把受试者的利益放在科学和社会的利益之上。

（6）受试者捍卫其自身整体性的权利必须受到尊重。要尽全力尊重受试者的个人意愿，减少对受试者身体及精神整体性和个性的影响。

（7）医生除非确认伤害是可以预先判断的，否则不应参与涉及人的研究项目。任何研究，一旦伤害超过了潜在的利益，医生必须中止其进行。

（8）在发表研究结果时，医生必须保证其结果的准确性。实验报告如果不符合本宣言的原则，不应被同意发表。

（9）在任何对人的研究中，应向每一个可能的受试者说明研究的目的、方法、预期的利益、潜在的伤害及可能引起的不适。必须向受试者讲明他们有决定是否参与的自由，并且在任何时候均可退出实验，医生必须得到受试者自愿表示的同意，最好是书面的。

（10）在获取同意参与研究时，医生要特别注意受试者和医生是否处于一种从属关系或是否被迫同意。如果有这种情况，则应由不参与这一研究因而与这种关系无关的医生来取得同意。

（11）如受试者尚未符合法律的规定，则应按照国家立法从合法的保护人处取得同意；如果由于受试者身体或精神的原因无法取得其同意时，则应按照国家立法，从负责的亲属处取得同意。

（12）研究计划中必须包括有关伦理问题的说明，并且要与本宣言的原则一致。

三、医学研究与医疗业务相结合（临床研究）

（1）在治疗病人时，医生应能自由应用新的诊断及治疗措施，如果他认为这些措施有挽救生命、恢复健康或减轻病情之希望的话。

（2）新方法的潜在利益、危害和不适，必须与现有最好的诊断、治疗方法比较并加以权衡。

（3）在任何医学研究中，包括对照组（如果有的话）在内的每一个病人，都应保证能得到已知的最好的诊断与治疗。

（4）病人拒绝参与研究绝不应影响医患关系。

（5）如果医生认为不取得患者同意是至关重要的，则应在送审研究计划中特别说明其理由。

(6）只有在医学研究的潜在的诊断或治疗价值证明是值得进行的，医生才可以结合医疗护理进行医学研究，其目的是获得新的医学知识。

四、涉及人体的非治疗性生物医学研究（非临床生物医学研究）

（1）对人进行纯科学的医学研究时，保护受试者的生命与健康是医生的责任。

（2）不论受试者为健康人或病人（实验设计与其疾病无关），受试者必须是自愿的。

（3）如果研究者判定继续实验将损害受试者时，必须中止实验。

（4）在人身上进行研究时，绝不能把科学及社会的利益凌驾于受试者的利益之上。

第七章 专题性医学研究设计

第一节 医学研究设计的主要类型

医学研究可以根据研究的对象、研究的程序和资料收集的过程而分为两大类,即调查研究和实验研究。调查研究指的是通过观察、测量等手段探讨研究对象的分布或存在状态及其影响因素,来揭示事物的客观规律。在调查过程中,研究者不对研究对象采取任何干预措施,只是被动地进行观察。而实验研究指的是研究者通过给研究对象施加某种干预或去除某种因素,观察研究对象发生的变化,来探讨事物的内在规律。除此外,在开始某项研究工作的初期,常常要进行探索性的研究,本章将要介绍一种新的方法——Meta分析。同时考虑到临床研究的对象是人,它不同于一般的动物试验,因而特别介绍临床试验的设计。

一、探索性研究设计

第一章绪论已经介绍了医学科学研究的基本程序是通过提出问题、查阅资料,进行科研选题和立项。如果是前人所未涉及研究的领域,我们就必须尽可能收集相关理论与实验技术的基础资料,利用已有的研究基础进行探索性的试验,或通过研究设计再进行研究。通常研究受到时间、地区、人群等的局限,研究的只是样本而不是总体,不同的研究其结论可能不完全一致,甚至相反。在进行研究设计时,要对研究的问题有个总体的了解,常采用 Meta 分析方法；研究完成后，所得出的结论与文献资料是否一致，也常用 Meta 分析，特进行介绍。

(一) Meta 分析简介

Meta 分析是现代科学研究中一种新的研究手段和方法，系用统计合并的方法对先前研究结果进行综合评价，以先前研究结果作为观察单位，对文献资料进行再分析。由 Beecher 在 1975 年最先提出，Glass 在 1977 年首次命名。Meta 分析最早用于心理学、教育学领域，70 年代开始出现于医学健康领域，80 年代盛行起来，广泛应用于医学各个领域，其方法学逐渐系统、完善，由开始时仅用于随机对照研究，发展到目前可用于任何实验研究和非实验研究（即观察性研究），由定性研究发展到定量研究。

在医学领域，Meta 分析主要用于解决以下重大社会卫生问题：①病因学研究中因果联系的强度和特异性；②各种干预措施效果的强度、特异性及成本效益问题；③卫生策略的效果评价等。应用 Meta 分析对某一课题先前所有的研究结果进行综合评价，有利于了解该课题的研究进展与动态，为进一步研究指明了方向。

通过 Meta 分析能达到以下的目的：①提高统计检验效能；②评价结果一致性；解决单个研究间的矛盾；③改进对作用效应的估计；④解决以往单个研究未明确的新问题。

一般来说，单个研究，即使是前瞻性研究和实验研究，除非所研究的作用很强，样本很大，否则，都还是存在缺乏足够的统计效能、随机误差较大等问题，而且其结论总是受到地区、人群、时间等因素的限制。Meta 分析对全部研究结果的主要方面进行综合，能克服这些缺陷，使结论更适合于人群总体。

（二）Meta 分析的基本过程

（1）确定研究目的，收集有关资料。确定目的后，第一步就是收集与研究目的有关的所有研究的文献资料，通过计算机检索、手工检索等途径，尽可能全面地收集资料，减少选择偏倚。

（2）资料质量评价与选择。根据具体的研究目的和专业知识等制定统一的评判标准，对所收集的全部文献进行质量评价，剔除不满足标准者，以保证 Meta 分析的有效性。

（3）研究效应的测量指标。研究效应的测量指标可以是率差、OR、RR、t 值、r 值、p 值、χ^2 等。当各文献间效应的测量指标不一致时，需转化为统一指标以便进行合并分析。

（4）一致性检验。评价一致性是结果合并的基础。各研究结果间首先必须具有一致性，其合并的结果才能认为是真实的；否则，是不能接受的。

（5）合并分析。在一致性基础上，主要从定性、定量两个方面进行合并分析。结果合并的方法很多，对于简单资料的合并分析比较简便，而对于大型研究资料的合并就相对较复杂。

（三）定性合并分析

如果要分析各研究资料采用的统计分析方法是 t 检验、z 检验、相关分析等，可以应用下列方法进行合并。

1. Fisher's 法

$$\chi^2 = -2\sum \ln p \tag{1}$$

其中：$df = 2N$（N 为研究个数）；p 为各个研究的单尾概率。

2. Winer's 法

$$z_c = \frac{\sum t}{\sqrt{\sum [df/(df-2)]}} \tag{2}$$

其中：t 为各研究的 t 值。

3. Stouffer's 法

$$z_c = \frac{\sum z}{\sqrt{N}} \tag{3}$$

例7-1 现有4个有关"锻炼能否增强自尊心"的研究资料，其结果如表7-1：

表7-1 锻炼对自尊心的影响

研究	对照组		实验组		t
	n	X	n	X	
A	41	11	41	17	2.72**
B	29	225	33	175	-1.95
C	104	9	98	12	2.03*
D	11	23	11	31	1.56

注：双侧检验 *$p<0.05$，**$p<0.01$。

根据表中的4个结果，很难肯定"锻炼改善自尊心"这个结论。将表7-1转变为表7-2，t，z 前面的符号表示结果的方向。z 为双侧 p 值对应标准正态分布曲线下面积时的 u 值。

表7-2 Meta分析的结果

研 究	T	Df	双侧 p	z	$-2\ln p$
A	2.72	80	0.004	2.65	11.04
B	-1.95	60	0.97	-1.88	0.06
C	2.03	200	0.024	1.98	7.46
D	1.56	20	0.06	1.52	5.63

4个资料的合并分析如下：

Fisher's 法：
$\chi^2 = 11.04 + 0.06 + 7.46 + 5.63 = 24.19$；
$df = 2N = 2 \times 4 = 8$，$P < 0.01$。

Winer's 法：
$$z_c = \frac{2.72 - 1.95 + 2.03 + 1.56}{\sqrt{(80/78) + (60/58) + (200/198) + (20/18)}} = 2.10;$$
$p < 0.018$(单尾)。

Stouffer's 法：
$$z_c = \frac{2.65 - 1.88 + 1.98 + 1.52}{\sqrt{4}} = 2.13;$$
$p < 0.017$（单尾）。

上述几种合并方法的分析结果，都为 $p < 0.05$，皆拒绝无效假设。

(四) 定量合并分析（效果大小估计）

(1) 计量资料的效果大小。

$$d = \frac{|\overline{X_1} - \overline{X_2}|}{s} \tag{4}$$

其中：$\overline{X_1}$，$\overline{X_2}$ 为两组样本均数；s 为两组合并标准差（也可用对照组标准差代替）。如表 7-1 中研究 A 的资料代入 (4) 式：

$$d = \frac{|11 - 17|}{10} = 0.6$$

同样，可得出其他 3 个研究的效果大小：-0.50（负号表示结果偏向于对照组），0.43 和 0.75。

$$d_{平均} = \frac{\sum d}{N} = \frac{0.60 - 0.50 + 0.43 + 0.75}{4} = 0.32 \tag{5}$$

可以认为，"锻炼可改善自尊心"近 0.32 个标准差单位。对 d 的解释还可计算平均 d 的 95% 可信区间；或粗略的估计：小效果（$d=0.2$），中效果（$d=0.5$），大效果（$d=0.8$）。

(2) 相关系数的效果大小。可用平均相关系数 $\bar{r}$ 表示：

$$\bar{r} = \frac{\sum r}{N} \tag{6}$$

对此也可粗略判断：小（$r=0.1$）、中（0.3）、大（0.5）。

(3) 选择共同的统计量。在综合分析中，一些研究报告 t，F 值，另一些则为 χ^2，r 等，因而有必要把它们转化为同一的统计量：

$$t \to r : r = \sqrt{\frac{t^2}{t^2 + df}}$$

$$\chi^2 \to r : r = \sqrt{\frac{\chi^2}{n}}$$

其中：n 为样本大小，仅用于 2×2 表资料。

$$d \to r : \quad r = \frac{d}{\sqrt{d^2 + 4}}$$

$$t \to d : \quad d = \frac{2t}{\sqrt{df}}$$

$$r \to d : \quad d = \frac{2r}{\sqrt{1 - r^2}}$$

(五) 失效安全数（Fail-Safe Numer, Nfs）

失效安全数其含义是 Meta 分析有显著意义的结论，要多少个阴性结果才能使之逆转，分别按 $p=0.05$ 和 $p=0.01$ 水平计算 Nfs。各研究结果 p 值查出相应 z 值，代入下列公式：

$$Nfs_{0.05} = (\frac{\sum z}{1.645})^2 - N \tag{7}$$

$$Nfs_{0.01} = (\frac{\sum z}{2.33})^2 - N \tag{8}$$

把表 7-2 的资料代入 (7) 式得：

$$Nfs_{0.05} = \left(\frac{2.65 - 1.88 + 1.96 + 1.52}{1.645}\right) - 4 = 2.75$$

结果为：需要 3 个以上阴性结果（$z=0$ 或 $\sum z = 0$）的研究才能推翻"锻炼改善自尊心"的结论。失效安全数越大，结论的可靠性越好，偏倚的影响越小。

(六) 加权分析与齐性检验

（1）加权研究。纳入 Meta 分析中的资料，由于其样本量可能不相同，因而必须进行加权分析。在 Stouffer's 法中可用下面公式来校正：

$$\text{加权} \quad z_c = \frac{\sum dfz}{\sqrt{\sum df^2}} \tag{9}$$

（2）齐性检验。Rosenthal 提出了下述方法，估计与单尾 p 值的齐性：

$$z = \frac{z_1 - z_2}{\sqrt{2}} \tag{10}$$

检验 A（$z=2.65$）与 B（$z=-1.88$）的齐性：

$$z = \frac{2.65 - (1.88)}{\sqrt{2}} = 3.20$$

$p < 0.001$，说明 A，B 两个研究齐性不同，存在异质性问题。如检验两个以上研究的齐性，可用下式：

$$\chi^2 = \sum (z - \bar{z})^2 \quad (df = N-1) \tag{11}$$

(七) 非参数方法

非参数效果大小 D 的估计：

$$D = \Phi^{-1}(p) \tag{12}$$

其中：Φ^{-1} 为累积标准正态分布的反函数；P 为对照组中数值低

于实验组中位数的例数比例。如某研究观察锻炼对低自尊心孩子的影响，40个小孩随机分配到实验组和对照组。结果：实验组中位数154.5，对照组中低于此值的有18例，$p = 18/20 = 0.90$，那么：

$$D = \Phi^{-1}(0.90) = 1.28$$

（八）Meta分析应注意的几个问题

（1）Meta分析在医学研究应用中的资料类型。Meta分析可应用于所有的医学研究，既可用于单一类型研究资料的合并分析，也可用于多种类型资料的合并分析。

（2）异质性资料的处理。当一致性检验存在显著异质性时，进行合并分析必须慎重。①进行分离、组合分析，找出存在异质性的地方，进一步核实该资料的可靠性与处理方式等，不能简单的剔除；②当存在显著异质性时，如果仍要进行合并分析，作者必须说明进行结果合并的理由，或者配合其他分析加以旁证。

（3）偏倚的控制。Meta分析本身属于观察性研究，在设计、资料收集、统计分析过程中必然存在着偏倚，资料质量评判与取舍时也会产生偏倚，其中最突出的是发表偏倚。要控制偏倚，唯一的办法是尽可能收集全部研究资料，由多人进行盲法评判，决定资料的取舍，然后对所有合格资料进行合并分析。

（4）敏感性分析。常见的是把发表的文献与未发表的文献进行比较，观察加入未发表文献后对原合并结果的影响大小。也可对同一组研究资料用不同统计方法按不同方式进行处理分析，将Meta分析的结论与此结果进行比较，以保证Meta分析的质量和结论的可靠性。

单个研究的指标值（如 OR 值）及其95%可信限的范围比较分散，如果仅以一个或几个研究结果来下结论是难于反映事物本质的。在考虑资料一致性的前提下，应用Meta分析对全部资料进行统计合并，总指标（OR）的范围得到收敛，研究效应能全面、量化地显示，结论更全面、可靠，也更适合于人群总体。近年来，国际上临床医学领域兴起的循证医学（Evidence Based Medicine）研究中，应用最多的方法就是 Meta 分析，这是证明某种疗法的有效性和安全性最可靠的依据。

二、调查研究设计

开展调查研究，首先必须对调查工作的全过程有一个计划，即调查设计。调查设计的基本内容包括下列几个方面：

（一）调查研究的目的和研究指标

首先应根据医学工作的需要确定调查研究的目的。尽管不同的研究各有其具体的目的，但有一个总的原则，就是阐明事物的分布规律及其影响因素。如了解总体参数的特征（某病发病率、死亡率、环境有害物的平均浓度等），找出事物间的相关联系（某病发病与暴露的关系、环境污染与健康的关系等），探讨影响事物分布的因素等。明确研究目的，有利于进行调查研究，但是，研究目的常常是比较抽象的概念，必须通过具体的指标来操作，要把调查目的具体到指标。例如，要了解某市肺癌的流行情况，为防治工作提供根据，为病因研究提供线索，涉及如何找出肺癌病人，用哪些指标来描述其分布等，具体的研究指标可以是：全市或某几个区县，在某年或一段时间，不同性别、不同年龄居民肺癌的发病的人数（或率）还是死亡的人数（或率）；也可以是人群普查、抽样调查或筛查的资料。要结合需要与可能，精选灵敏度高、特异度高、有客观检查依据的指标。一般而言，计量指标比计数指标好。如果目的不明确，指标不具体，或贪多求全，所得资料可能有的无用或用处很少，而必需的资料却又缺漏，既浪费人力、财力和时间，又影响资料的准确性。

(二) 调查研究的对象和观察单位

根据调查研究目的和指标确定调查的对象，必须确定调查对象总体的同质范围，在抽样调查中还要确定抽样人群的范围。所调查的个体称为观察单位，它可以是一个人、一个家庭、一个集体单位，也可以是"人次"或采样点等。如上述肺癌调查，总体的同质范围是该市某年全部常住人口，观察单位是"人"，调查对象只限于同属该地区和该时间范围的常住人口。有关研究对象的另一个重要的问题是样本量的大小。

(三) 调查方法

根据不同的调查研究目的可以选择不同的调查方法。如要了解总体参数，可用普查或抽样调查的方法；若是探讨事物间的联系，如病因研究等，常需采用病例对照或队列研究的方法。

(1) 普查。就是将总体的全部观察单位加以调查。常用于了解总体某一特定"时点"的情况，如高血压患病率、中年人口数等。调查时，应尽可能在短期内完成，否则人口有变动、发病有季节变动、新患者陆续产生等因素都会影响调查结果的准确性。对一些病程较短的病，如急性传染病，不适合作时点普查。尽管理论上只有普查才能取得总体参数，而实际工作中更多的是抽样调查。

(2) 抽样调查。即在总体中抽取部分有代表性的样本进行调查。它不能得到总体参数，但可以利用抽样调查的结果来估计总体参数所在的范围。抽样调查也可用于检查普查的质量，但必须根据调查对象的不同特点采用不同的抽样方法，定下容许误差和估计所需的样本含量。列入观察的样本单位不能漏查，也不能用别的观察单位来代替。抽样调查比普查所需样本量要少，节省人力、财力和时间,并可获得较为深入和准确的资料。但抽样调查的设计、实施和资料分析就较复杂些。

(3) 病例对照研究。这是一种常用的危险因素探讨方法,研究时先确定病例组,再选择对照组,然后调查两组对可疑致病因素的暴露史,比较两组间暴露率的差异,推断暴露与疾病的联系。其特点是"由果溯因",故为回顾性调查。调查时病例组和对照组应同样对待(如调查项目、时间条件等),避免偏性。如调查肝癌与病毒性肝炎的关系,根据病例组与对照组有无肝炎史的比例,确定肝炎与肝癌的病因联系。本方法的优点是可以探讨发病率较低的罕见疾病的病因。一个调查可以探讨多个可疑因素的作用,并能较快地获得结果。其缺点是暴露与疾病的时间先后顺序不能确定,因而不能确定因果联系;对照组的选择也比较困难,应排除该病潜伏期和隐性感染的人,以及与所研究病因有牵连的疾病患者;研究中存在选择偏倚、信息偏倚和混杂偏倚等。研究设计时应考虑到这些问题。

(4) 队列研究。将研究对象分为两组:一组暴露于某因素,另一组不暴露于该因素。随访观察一定时间,收集两组人群某些疾病的发病或死亡资料,计算发病率或死亡率,比较两组的率的差异等,以判定疾病与该暴露因素的联系。其特点是"由因推果",为前瞻性调查,能确定因果联系。缺点是对发病率很低的疾病需观察大量例数;对潜伏期长的疾病,观察期长,可能失访较多,且需要冒一定的风险;若设计选择不当,则将造成人力、财力和时间的浪费。

(5) 随访调查。对临床研究的病例进行追踪调查,观察其病情的发展和各种结局出现的时间及其影响因素。例如,观察肝癌患者手术与化疗后的生存情况,计算不同时间段的生存率、中位生存时间等,并通过统计分析找出影响患者生存率的主要因素。

在实际工作中常将上述几种调查方法结合起来进行应用。例如，可以通过普查得知某地居民肺癌患病的真实水平；亦可用抽样调查来估计该地居民肺癌的患病率和死亡率；若对肺癌患者和非患者作配对病例对照研究，将可能发现可疑的致癌因素；还可进一步用队列研究来推断病因联系，但是因果关系的最后确定还有待于实验研究的证实。

(四) 调查项目和调查表

根据研究指标确定调查项目，包括备查项目和分析项目。备查项目是为了便于检查、补填和更正而设置的，通常不直接用于分析，但有利于保证分析项目填写的完整、正确。例如调查死者的姓名和住址等。分析项目是直接用于资料整理和计算调查指标的内容。如整理和计算肺癌的调查指标，必须调查肺癌患者的"诊断"、"性别"、"死时实足年龄（岁）"等项目。调查项目要精选，需要的项目一个也不可少；不需要的项目一个也不要多。项目要定义明确，通俗易懂，不致误解，尽量做到不加说明或少加说明也能标准统一。如疾病分型，正常或异常等界限都应明确规定，不模棱两可。项目可分为开放式和封闭式两种，开放式项目由调查对象组织语言回答；封闭式项目多用选择提问的方式，即由调查对象在所列出的各种可能的答案中选择一个。

由调查项目组成的一个问卷就是调查表。通常按提问的逻辑顺序或所调查的同类项目进行排列，有利于调查对象的回答。应编制填表说明，填写应力求简便清楚，多用选择、填空以及简单的符号（"√"、"—"、"○"、"×"）或数字等；少用文字填写。现在常用电子计算机进行资料的整理分析，在设计调查表时，所有分析项目的右侧均留有填写输入编码的空格，常在填写输入编码的同时进行质量控制。

设计调查表是调查设计中最关键的内容。设计时应周密考虑调查项目能否满足调查指标的要求，项目是否简单明确，是否会发生误解，怎样统一标准等。调查表还要便于填写和整理分析。

（五）调查的组织计划

调查的组织计划包括组织领导、组织分工、宣传动员群众、时间进度、调查员培训、协作与联系、经费预算、调查表格和宣传资料的准备，以及资料检查、汇总制度等。大规模的协作调查，必须有明确的组织计划才能使步调一致，按期完成。

（六）预试调查

正式调查之前，先在小范围内进行一次预调查，以检验调查设计的可行性，同时也可通过预调查改进设计方案和调查表的内容。

（七）正式调查

通过预调查证实调查设计方案可行后，再进行大规模的正式调查。在调查中强调"科学、公正"的态度，采用双盲法进行调查，同时进行质量控制。

在现场调查中及时总结经验，以便发现问题，及时改进；抓紧对原始记录的检查和补正，保证资料的完整、正确，不要有错漏。检查资料有无错误，一般从两方面考虑：①逻辑检查。即根据项目的性质及其相互关系，检查填写内容有无矛盾。如表中"死亡年月"不应早于"出生年月"。②计算检查。即通过计算检查项目有无错误，如"死亡年月"减"出生年月"应等于"死时实足年龄"。资料经检查无错误后统一编码，进行计算机输入。

（八）整理分析

调查搜集的原始资料必须经过整理分析，才能揭示出事物的本质规律。整理分析也需有一个计划，以便有条不紊地进行。整理计划的内容包括预计分析项目、资料汇总和指标的计算方法、图表设计等。这反映了研究设计者对调查目的的理解，它是预期结果的表达形式，这是一个非常重要的内容。整理分析通常应着重考虑下列问题：

(1) 设计分组。目的是将性质相同的观察单位合在一起，将性质不同的观察单位分开，把组内的共性、组间的差异性或相似性显示出来。但是只有抓住研究对象最主要的、本质的特征来进行分组，才能揭示出事物内部的规律。分组有两种：一是按性质、类别来分组，如按性别、职业、疾病分类、某项检查阳性或阴性等分组；二是按数量分组，即按被研究特征的数量大小来分组，如按年龄大小、血压高低等分组。两种分组方法往往结合使用，如把性别分组和年龄分组结合起来，可分析同一性别的年龄差异和同一年龄组的性别差异。所分组数的多少决定于研究的目的、资料的性质和样本量的大小，组数不宜过多或过少。如组数过多，分组太细，则各组的观察单位数变少，各组的代表性就差；分组太少，组间相差悬殊，组内一致性也差，也看不清楚它的规律性。当还不太了解被研究现象的变化规律时，设计分组宁可先细一些，汇总资料后再按实际情况作必要的并组，这很容易；反之，设计分组一开始就很粗，汇总资料后，要想再分细一些，只有重新分组汇总。数量分组的界限要清楚，既不要互相包含，也不要留有空隙。例如，5岁以下，5岁以上；0～5，5～10，等等表示法都是不正确的，因为5放在何组不清楚。较好的表示法是：0～，5～，10～，…，其中0～，指0起至不满5，余类推，每5岁或10岁一组。

(2) 设计整理表。整理表是用于原始资料整理归组的表格，按调查指标或分析表格的要求而设计，是对分析资料的大体构思。拟出整理表后，还应说明是利用调查表中哪些项目来整理归组。如为了得到男、女各年龄组"死亡人数"，设计的整理表除具有"年龄组（岁）"和"男、女死亡人数"栏外，应再加上纵栏、横行的"合计"和"不详"，以便核对和保持总数一致。

（3）归组。按整理表的分组，将原始资料分别归组。小样本资料一般采用划记法或分卡法。划记法就是归组时用划"正"字来记数；分卡法就是直接把原始记录卡分别归入各组，经过核对，然后清点每组卡片的张数，就是该组的观察单位数。对于调查项目较复杂或大样本资料的归组，目前常用电子计算机来进行。先建立数据库，输入调查表的资料，通过使用统计分析软件来进行归组。

在归组之前，应对原始资料进行复核、补正；归组之后，应对结果进行逻辑和计算检查，质量控制。

三、实验研究设计

实验研究就是在其他因素被严格控制的条件下，将所设计的干预因素作用于实验对象，并观察实验效应。实验研究是验证科学假设的最有力的手段，在现代医学研究中有着极重要的意义。

实验研究的优点有：

（1）可以对实验对象的条件、干预因素和实验效应的评价进行标准化；

（2）通过随机分配，可以平衡实验组和对照组中已知的和未知的混杂因素，提高两组可比性；

（3）由于实验组和对照组是同步比较，因此，外来因素的干扰对两组同时起作用，对结果影响较小。

实验研究也有缺点：

（1）设计和实施比较复杂；

（2）如果研究对象是人，就有关于医德和伦理方面的争议，加上对象选择及方法实施均比较严格，又要求比较大规模的观察数量，迁延时日长久，依从性不易做得很好。总之，任务艰巨。

随着现代医学的发展，研究手段越来越先进，观察指标及实验条件复杂多样，精度要求也越来越高，因而对实验设计的要求就更高。

实验设计的基本内容包括下列几个方面：

(一) 实验研究的基本要素

实验研究的基本要素一般包括干预因素、实验对象和实验效应3个组成部分，简单来说就是研究干预因素作用于实验对象后会产生怎样的实验效应。例如，研究某种营养食品对儿童生长发育的作用，该营养食品就是干预因素，所选择的儿童（包括实验组和对照组）就是实验对象，食用该营养食品后生长发育的变化情况就是实验效应。

(1) 干预因素。所研究干预因素或实验因素在实验的全过程应保持一致，实验因素的性质、强度、施加方法等必须标准化。应根据实验目的确定实验因素的数目以及各因素不同程度的水平，最好能在一个实验中多容纳些必要的因素及水平数，以便提高实验效率，但不是愈多愈好。

(2) 实验对象。要有明确的规定，具有一定的同质性，如病人的诊断及分期、动物的种属等，都应具有一个统一的选取标准。

(3) 实验效应。即实验中所选用的观察指标。指标有客观指标和主观指标、计数资料和计量资料等类型。最好选用客观的计量指标，且注意其精确性、特异性和灵敏性。

(二) 实验设计的基本原则

(1) 对照。在实验中设立相互比较的实验组和对照组。对照组除没有实验因素外，其他条件与实验组应一致，这样就能抵消和减少非实验因素的干扰和影响,显示实验因素的效应。

(2) 随机。实验对象的分组,以及施加干预的顺序等都必须遵守随机化的原则,使每一个实验单位有同等机会被分配到各实验组中去,以抵消非实验因素对实验结果的影响。

(3) 重复。即要考虑实验研究的样本含量。如果样本量太小,实验结果可能受到个别极端值的影响,产生较大的误差。一般要求适当大小的样本量,既能保证实验结果可靠性,又不浪费。

(4) 均衡。要求各实验组和对照组在非干预因素方面的条件均衡一致,以消除非干预因素对实验的影响。如在动物实验中,分配在各组的动物要在种属、窝别、性别、体重等方面保持基本一致;在临床试验中,要求各治疗组的患者在年龄、性别、病情等非干预因素上保持基本一致。

这4个原则皆要全盘考虑。医学实验设计方法常用的有完全随机设计、配对或配伍组设计、交叉设计、拉丁方设计、析因设计、正交设计、序贯设计等。

(三) 实验设计的步骤

1. 明确实验目的

首先必须明确该实验要解决什么问题,是单纯验证病因还是评价某项措施的效果。如为评价措施的效果,还要考虑是预防试验还是治疗试验。如为预防试验,是控制个体发病还是控制疾病流行;如为治疗试验,是减轻症状,降低病死还是彻底治愈。这些目的都要具体化,不要贪多。

2. 确定实验对象

确定实验对象就是找出符合研究要求条件的对象,包括实验组和对照组。如果是人群实验研究,选择研究对象要注意如下原则:①实验对象有可能从研究中受益;②选择干预结果的预期发生频率较高的人群;③选择临床病例时,应有明确的诊断、分型标准;④已知实验对其有害的人群,不应作为实验对象;⑤选择依从者作研究对象。

3.样本量估计

样本量估计可通过公式推导,亦根据经验估计,但都要考虑一些必要的参数,如实验所要求的显著性水平(α)、把握度($1-\beta$)、容许误差、预期实验组与对照组预期的疾病率等。事件(疾病)在一般实验对象中发生率越低,样本量应越大;实验组和对照组实验效应的差异越小,所需样本越大;α 和/或 β 越小须样本越大;双侧检验所需样本量要大于单侧检验。

4.研究对象的随机分组

根据研究设计的方式来随机分配研究对象到实验组与对照组,还必须注意组间的均衡性。

5.盲法的应用

实验研究特别是临床试验中,要注意控制来自研究对象和研究者本人的主观偏见,最有效的方法就是采用盲法(blinding 或 masking)。盲法可分为单盲、双盲及三盲这3种方法。

(1)单盲。单盲试验是指只有研究者知道分组情况,研究对象不知道自己属于哪一组。这种盲法的优点是研究者可以更好地观察了解研究对象,可克服研究对象的偏倚及心理作用的影响,必要时可以及时处理研究对象可能发生的意外问题,使研究对象的安全得到保障。缺点是避免不了研究者在观察与收集资料时所带来的偏倚和偏见。

(2)双盲。双盲试验是指研究者和研究对象都不知道每个对象被分配到那一组。需要由第三者来负责安排、控制整个试验。这种盲法主要用于药物临床试验研究。它的优点是可以避免研究者和研究对象的主观因素所带来的偏倚。缺点是组织措施复杂,较难实行,同时需要完善的监督保密制度与方法。一旦研究对象在试验过程中发生事先未预料到的意外反应,需要采取紧急医疗措施时,负责此项试验研究的第三者不能及时查出对象所在的组别,将耽误对研究对象处理的时机。

(3) 三盲。三盲试验不仅研究者和研究对象不了解分组情况,而且负责资料搜集和分析的第三者也不了解分组情况。这样,可以更客观地评价反应情况。但实际执行很困难,常涉及医德、安全等问题,故很少用此法。

与盲法相对应的是开放试验(open trial)即研究者与研究对象都了解分组情况。它的主要优点是易于设计和实施,易发现实验中发生的问题及时处理,并判断试验是否应该继续进行。它的主要缺点是收集资料时易产生偏倚;研究对象间信息交流和心理作用对实验结果可能有干扰。有些研究如比较手术治疗与非手术治疗的效果,或者干预的效果是以测量的数量如血压、血脂、血糖、体重等值来显示的话,可应用开放性试验。

6. 标准化

实验研究应用统一的措施、方法和标准。对效应的观察指标应有特异性,且简单明确,并能用客观方法衡量。对疾病的判断与诊断要有统一的标准。依研究目的和内容进行人员培训,除培训有关专业知识、实验技术外,还要按照统一标准和方法进行观察,在正式试验前进行必要的预实验。

7. 确定观察期限

观察期限依实验的目的及处理效应的长短而定。期限要适当,过短得不到结果,过长则浪费人、财、物。还可采用序贯试验的方法,一旦得到明确的结果就立即停止试验。

8. 实验的实施和资料的收集

按照实验研究的基本原则来进行实验,既要防止来自研究对象和研究者的偏倚,又要考虑排除、退出、失访等问题。

(1) 排除。随机分配研究对象前,可对研究对象进行筛选,不符合标准者应给予排除。

(2) 退出。指实验对象被随机分配到实验组或对照组后,在实验过程中,由于种种原因而退出实验,如不合格、不依从等。

(3) 失访。研究对象迁走、意外死亡或与本病无关死亡及本人退出实验等,均可造成失访。实验时应尽量设法减少失访。实验前,对失访率有个估计,在估计样本时,预先把此数算入。通常预先多设计10%的研究对象。

9. 实验效果评价

(1) 实验效果的评价指标。实验效果大小的评价指标可用有效率、治愈率、生存率、抗体阳转率、抗体几何平均滴度、保护率和效果指数等指标。治疗效果考核还可通过计算病死率来评价;预防效果考核通过实施措施前后疫情变动对比等方法评价。

(2) 评价实验效果的主要分析方法 χ^2 检验比较两个率或多个率,t 检验和方差分析比较 两组或多组均数,还有 u 检验、二项分布、poisson 分布分析等。

四、临床试验设计

随着医药工业和生物医学的发展,大批新药、新疗法不断涌现,在出售或推广前都面临着疗效评价问题。也就是说,通过临床试验证明新药有效性及安全性后,才能作为医药商品出售,以防发生药物不良反应。进行临床试验必需遵照本章上述实验原则,以保证实验的科学性。由于样本含量有限,当药物出售后一些罕见的不良反应仍有发生,此时需要对这种药物进行样本含量较大、设计精确的临床试验,使药物不良反应减低到最低程度。这些都与临床试验有关。

临床试验除遵循实验设计的基本原则和方法外,在病例选择、设立对照、疗法选择、避免试验偏性及效果评价方面均有其特点。

(一）病例选择

受试对象的诊断必须明确可靠。应制定统一的诊断标准，包括疾病分期、病情程度及急慢性等，使受试对象标准化。诊断标准要有体征、化验及其他检查中影响研究结果的客观指标作依据，以便使受试对象标准化。当不能排除病人已患另一种影响研究结果的疾病时，则不应选作受试对象。已知某因素影响疗效时，可先规定该因素的选定范围，如各年龄组急性肝炎治愈率不同，选择受试对象时要限定年龄范围。在观察急性病的疗效时，选择病例应限定在一定范围内，并且应以未经其他系统治疗的病人作为受试对象。

(二）设立对照

一般不设无处理对照组，而是以一般疗法或现有最有效的疗法作对照组。但病情较轻、病情长期稳定、无任何危险性的疾病，如感冒、慢性关节炎、近视、重听等，也可设立无处理对照组。有些临床试验表面上是无对照，如急性粒细胞性白血病、肺癌等，因其病死率极高，而高病死率本身就是一种对照。因为能使试验组的病死率下降本身就是最好的效应局了。对照组的设立要注意均衡性。临床病例搜集仅少数由研究者预先选定，而大多数是观察中陆续参加的病人，因而试验组与对照组的一致性较难保证，但仍要尽量做到年龄、性别、病情、病型及影响观察指标的主要因素的组间一致性。为了保证组间一致，可采用配对或配伍组试验、交叉试验等设计方法。

(三）疗法选择

研究者常需在多种治疗方法中选定一个或几个有效的方法。为此，先应搜集每种疗法治疗后可能出现的各种反应和效果，以决定采取何种方法。如以功能恢复时间的长短来选定疗法时，有两种决定方式：肯定式和非肯定式。肯定式是选择全部受试对象均获得最佳结果的疗法作为试验疗法。例如 A，B 两种疗法中，A 疗法所有受试者功能恢复的平均时间为 2 年，B 疗法为 5 年，则以选定 A 法为宜。非肯定式是选定获得最坏结果的可能性为最小时的疗法作为试验疗法。

（四）效果评价

效果评价包括治疗方法的选择，疗效指标的拟定和指标的分析。指标有单一指标和复合指标两种。单一指标在临床疗效上较少用，因为它不能对疗效作出全面评价。复合指标带有综合性，临床上常用。复合指标又分为有效性指标（轻度改善、中度改善、高度改善、治愈等）和无效性指标（轻度恶化、中度恶化、高度恶化、死亡等）两种。复合指标必须有明确的客观标准，要注意防止估计误差的产生，如过高地估计疗效。远期疗效是临床试验效果评价中一个备受关心的问题，常用指标包括生存率、致残、致畸和后遗症等。对临床观察频度（实现概率）的计算与分析，常采用评分法。评分应规定明确的标准，标准要多用客观指标。临床试验中常用的假设检验方法有 t 检验、F 检验、χ^2 检验、秩和检验以及序贯试验分析、病例随访资料的生存率及生存期分析等。

（五）试验的偏性

病人对治疗的反应不一定完全是治疗因素的作用，还包括病人的心理状态，生产、生活条件及社会因素等的影响。这些因素有可能产生一些非常条件及社会因素等的影响。这些因素有可能产生一些非特异性反应。对病人的心理影响，不仅来源于病人本身，也来源于研究者和周围所有人员。医师主观的成见和不自觉的偏性，也会影响结果的判断，出现较大的估计误差。为消除上述影响，双盲法和安慰剂是临床研究的有效方法。使用双盲法，在试验结束前，病人和执行的医务人员都不知道谁被分配在试验组或对照组，这样可以避免来自病人和医务人员两方面的偏性；所谓"安慰剂"，是指试验用的药物或疗法在药物的剂型上或处置上都不能为受试者所区别，而且是无药理作用的一种"假药"。使用安慰剂有助于避免对照组病人产生不同于试验组病人的各种心理作用。

(六) 医德问题

无论哪种科学实验，只要其试验对象是人（病人或健康人），就必须要求讲医德。在临床试验中使用研制的某种新药或新疗法时，必须经过药理学和毒理学试验，证明无毒、无致突变、无致畸、无致癌和有效时方可做临床试验。但是，另一方面不能认为一切试验研究都是对人有害的"人体试验"。事实上不经严格的临床试验和预防性试验就出售或推广某药物、制剂或疗法，可能会给人们造成更大的危害。正因为如此，新药、新疫苗、新措施推广应用之前应该根据有关规定，在人群中进行严格的实验研究，以防止危害的发生。

通常还可采用序贯实验法。序贯实验法无需事先完全确定好实验人数和实验组与对照组，而采取边做试验，边设置试验对象，将他们纳入实验组与对照组，进行实验研究。因此，早加入的研究对象可能已有试验结果，但有的仍在继续试验中，同时选择对象工作仍在继续进行。等试验结果在统计学上一旦取得显著意义（不论有效或无效），试验即可中止。这样可使对照组成员尽早分享新措施的好处。反之，如该试验对人体有害，一旦发现即可中止，不致造成严重后果。序贯实验法常用于临床试验，而较少用于预防效果评价。

(七)临床试验实例

例7-2 精制冠心片双盲法治疗冠心病心绞痛112例疗效分析。

(1)目的。用临床试验验证"精制冠心片"治疗冠心病心绞痛的疗效。

(2)病例选择标准。选择男性40岁以上,女性45岁以上,心绞痛发作每周至少3次以上者,共112例。

(3)分组。将选择的病例按随机分配原则,分为甲、乙两组。甲组61人,乙组51人,进行双盲治疗。两组用药顺序进行自身前后交叉。治疗期间进行仔细观察和记录,治疗结束后对甲、乙组疗效进行比较。

(4)方法。精制冠心片(代号为Ⅰ号片)与安慰片(代号为Ⅱ号片),两者外形与剂量完全相同。用法均为每次6片,一日3次,4周为一疗程。甲组第一阶段服Ⅰ号片,第二阶段服Ⅱ号片;乙组第一阶段服Ⅱ号片,第二阶段改服Ⅰ号片。服药期间停用其他抗心绞痛药物,允许在心绞痛发作时含硝酸甘油片或其他速效中药。服药前,两组均作心电图、肝功能、血、尿常规检查。两个疗程结束时分别复查上述项目,然后评定疗效。

(5)疗效评估。疗效评定按1974年冠心病及高血压普查预防座谈会修订的"心绞痛疗效评定标准"进行。结果如表7-3。

表7-3 精制冠心片对心绞痛疗效的观察

组别	例数	精制冠心片		安慰剂	
		有效/%	无效/%	有效/%	无效/%
甲	61	77.0	23.0	8.2	91.8
乙	51	84.0	15.7	25.5	74.5
合计	112	80.4	19.6	16.1	83.9

甲、乙两组服用精制冠心片疗效分别为77.0%与84.0%,两组比较无显著差异($p>0.05$)。甲、乙两组分别于第一、第二疗程交叉服药,各112例,其心绞痛总有效率用精制冠心片组为80.4%,而安慰剂为16.1%,两者相比差异显著($p<0.01$)。甲组改服安慰剂后疗效降至8.2%,而乙组改服精制冠心片后疗效上升至84.3%。甲、乙两组各自两个阶段相比,均有明显差异($p<0.001$)。

从上述实例可以看出,病例选择是根据统一诊断标准,随机分组,双盲治疗,进行自身前后交叉用药,所以试验设计比较严谨;两组病例的条件是有可比性的;观察结果防止了偏倚。因此,该临床试验的结果是可信的。

第二节 普查与抽样调查的方法

医学研究涉及进行研究的不同时间、地点和研究对象;还要考虑到开展研究现有的技术水平及人力、物力和财力等因素;需要进行研究的疾病种类很多又各有其特点;如果研究期限较长,研究的人口学、社会与生活环境也会有所变动,研究结果的时效性将受到影响。因而,在实际工作中,很难对全部疾病都把所有的研究对象包括进来,对大多数疾病,只能选择部分有代表性的研究对象进行研究。为此,我们需要探讨选取研究对象的一些方法。

一、普查

普查指的是为了了解某人群的健康状况或某病的患病率,对一定时间、一定范围内的全部成员作调查或检查。

(一) 普查的目的

普查的目的可因不同的研究工作而异。有的是为了疾病的早期发现和治疗，例如各地开展的子宫颈癌检查；有的是为了解疾病的基本分布，如血吸虫病、丝虫病、钩虫病、冠心病的普查；有的是为了解某人群的健康水平，如检查儿童发育、营养状况普查；有的是为了建立生理标准，如检查白细胞、血红蛋白、肝功能等；当有些疾病流行时，为了收集全部病例，有时亦必须在一定范围内进行普查。

(二) 普查的方法

先制定调查计划，决定调查时间与人群范围，对疾病、特征或变量作出了明确的规定。然后同时调查人群中每个成员是否患某病和有关特征与变量。如调查不同地区人群乙型肝炎感染率，不同年龄性别等的血压水平，或调查一个村钩虫感染的分布特点等。普查还可以同时调查几种疾病。例如，普查肺结核与肺癌相结合，普查疟疾与丝虫病同时进行；慢性支气管炎、哮喘、肺气肿、肺结核可同时调查。合并调查需要很好的设计和检查。为了既达到普查目的，又省人力、物力，在某些情况下可采用以下几种变通的办法，所得结果与全面普查相差不多。

(1) 死亡调查。只调查死亡人口（如死因普查）。对发病率低、病死率极高的疾病（如癌），死亡率能较准确地反映流行情况。

(2) 根据登记报告的病例进行调查。检查登记中原来确诊和类似的病例。适用于报告和登记制度较好的地方或单位，漏报率太高则不行。

(3) 梯度筛选调查。基层先报可疑病人，上级医疗机构再派专业人员去复诊，进一步用特殊检查方法确诊。

(三) 普查的优缺点

普查的优点有：普查能发现人群中的全部病例，使其能及早得到治疗；通过普查能对该地区某病的全貌有一个了解；通过普查可进行医学科普宣传，使群众对某病及其防治有所了解。缺点是：不适于患病率低和检查方法复杂的疾病调查；由于普查对象多，难免漏诊、误诊；由于工作量大，很难进行细致的调查。

(四) 普查应注意的问题

普查时，必须划定普查的明确对象和范围，掌握人口资料；统一普查时点，尽快完成；使用的临床诊断标准和检测方法必须统一及固定；普查前要统一培训调查员，使其严格掌握统一的标准和方法，认真填写调查表，尽量减少调查中的观察误差。另外，要控制漏查率和不应答率。漏查率可通过大范围的试点调查来估计：

$$漏查率（\%）=\frac{应查人数-实查人数}{应查人数}\times 100\%$$

若漏查率高达 30% 则该调查无实际代表意义。一般要求应答率达 90% 以上，如应答率低于 70%，就较难以调查结果来估计整个研究人群的现况。

$$应答率（\%）=\frac{应答人数}{实查人数}\times 100\%$$

我国开展普查工作有较丰富的经验。对肿瘤、心血管病、甲状腺肿、乙型肝炎、结核病、麻风病及一些寄生虫病等都进行过大规模的普查工作，受检者数以万计。其中有些疾病通过早期治疗与反复防治已得到控制或基本控制，取得了显著的成果。我国不少流行病学普查的资料已引起国外医学界的普遍重视。认识普查的重要性和基本原理，将有利于医学科研的开展实施，同时也有利于更好地利用人群普查得到的资料和信息,指导疾病防治工作的开展。

二、抽样调查

抽样调查指的是只调查某人群中一部分有代表性的人,即统计学上称为样本的人群,根据这种调查结果可估计出该人群某病的患病率或某些特征的情况。抽样必须遵循随机化的原则,才能获得对总体有较好代表性的样本,并通过样本信息推断总体。随机抽样的方法有多种,常用的有单纯随机抽样、系统抽样、分层抽样、整群抽样、阶段抽样及时序抽样等,可根据研究设计的要求及人力、物力等实际情况加以选择。抽样必然有抽样误差,抽样误差的大小用标准误来衡量,要尽量减少抽样误差。

(一)抽查的用途

抽查主要用于衡量一个国家或地方的卫生水平;研究影响健康的因素和卫生措施;评价医疗预防措施的效果;检验各项环境卫生标准;衡量资料的质量以及快速处理各种资料;描述疾病的分布,探索病因未明疾病的病因线索等。

(二)抽查的优缺点

抽查具有省时间、省人力、省物力、调查范围小、调查工作易做得细致和调查质量易得到保证等优点。有时抽查还是研究某些疾病唯一可行的办法。所以抽查在实际工作中应用广泛。其缺点是抽样调查的设计、实施与资料分析比较复杂,重复和遗漏不易发现,不适用于变异过大的材料。当某病的发病率很低时,小样本不能供给所需的资料,而样本量大到总体的75%则不如直接普查。

(三)抽查的设计与实施

在设计中特别要考虑用哪种抽样方法、样本大小、人群如何分组;还要定出容许误差,即自样本得到特征的观察值与总体的真实值之间的差异;还要考虑用样本估计总体的可靠性,即在相同条件下反复抽样所获得相同结果的稳定程度。

真实性与可靠性常可受非抽样误差与抽样误差的影响。抽样误差是难免的,但可以从样本大小和抽样设计来适当控制,且抽样误差可以测量;非抽样误差则产生偏倚,它是错误的,必须注意防止。在抽样过程中产生偏倚的原因主要有:主观选择对象,任意变换抽样方法,或未能真正做到随机抽样等。

(四)抽样误差

尽管使用了随机抽样的方法,随机样本与总体仍存在差异,这种差异称为抽样误差,它可以用样本信息进行估计。估计抽样误差有多种方法,最常用的是利用样本某特征均数的标准差——标准误来估计。标准误与样本某特征的标准差成正比,与样本量大小的平方根成反比:

$$\sigma_x = \frac{\sigma}{\sqrt{n}}$$

式中 n 为样本大小,σ 为标准差,σ_x 为标准误。标准误愈小,表明样本的均值愈接近总体的均值。减少标准误的方法有:减少调查材料的差异,如在抽样时采用分层抽样,则各层内部的差异可减少,标准误亦减少;其次可增大样本量。当样本量增至 4 倍,标准误可减少一半。此外调查对象单位如定得适当,可减少抽样误差。理论上单位越小,正确性越高。如以个人为抽样单位要比以户为抽样单位的结果好。

三、常用的抽样方法

目前在医学研究中所使用的抽样方法有单纯随机抽样、系统抽样、分层抽样、整群抽样和多级抽样等。

(一) 单纯随机抽样

这是一种最基本的抽样方法，也是其他抽样方法的基础。即先将被研究的各观察单位编号，再用随机数字表或抽签、摸球、电子计算机抽取等进行抽样。多用于实验动物的分配、病历的抽样等，还可结合其他抽样方法运用。单纯随机抽样使得研究对象人群中的每一个个体都有同等被抽中作为研究对象的机会。具体抽样时可先将研究对象排序，然后选随机字表中任何一组数字，确定按行或列来取其他数字。假如你要调查的总体共有 100 个单位，你决定抽查其中 5 个单位，你可依随机数字表先随机定出 5 个随机数字，再根据 5 个号码找出总名单中的这些个人或单位，他们便是抽出的样本。抽签、抓阄的方法，严格地说不能达到完全随机化，但因其简单、实用，故仍可在小范围的抽样中使用。

单纯随机抽样的优点是简便易行。其缺点是在抽样范围较大时，工作量太大难以采用；而抽样比例较小，样本含量亦较小时，所得样本的代表性差。

(二) 系统抽样

系统抽样又称间隔抽样，将总体中的观察单位按某一特征的顺序编号，先随机抽取第 1 个观察单位，再依次按一定间隔取其余的观察单位。例如疾病调查，要从 1 000 户中抽取 10% 作样本，可先在门牌号 1~10 号之间随机抽取一户，譬如 5 号住户，其后每间隔 10 号抽取一户，即抽取 5，15，25，35，…，995 号等户，共100户。本法常用于调查研究，优点是简便易行，样本的观察单位在总体中分布均匀，一般情况下，比单纯随机抽样法的抽样误差小，系统抽样代表性较好。但必须事先对总体的结构有所了解才能恰当地应用。必须注意编号的特征是否有一定周期性，如某街道门牌，双号朝南，单号朝北，如果抽样间隔与周期相关，又总抽到单号，那么对某些指标可能出现较大的偏性。

(三) 分层抽样

分层抽样指的是从分布不均匀的研究人群中抽取有代表性样本的方法。先按照某些人口学特征或某些标志，如年龄、性别、职业、住址、教育程度、民族等，将研究人群分为若干组（统计学上称为层），然后从每层抽取一个随机样本。

分层抽样又分为两类：一类叫按比例分配分层随机抽样，即各层内抽样比例相同；另一类叫最优分配分层随机抽样，即各层抽样比例不同，内部变异小的层抽样比例小，内部变异大的层抽样比例大，此时获得的样本均数或样本率的方差最小。

分层抽样要求层内变异越小越好，层间变异越大越好。如在一个较大地区调查儿童身体发育的某项指标，可划分平原、山区、沿海等几个层，再按各层比例随机抽样。这样就可使各层中观察值的变异度缩小，样本的代表性加强，各层间还可作比较分析。

(四) 整群抽样

整群抽样是以整群为抽样单位，而每一整群包括若干观察单位，对所取群中的观察单位全部调查。整群抽样时，所抽到的样本不是个体，而是由个体组成的群体，如一个村、居委会、班级或工厂等。这个整群，必须从相同类型的整群中随机抽出，且被抽到的单位中，所有成员均成为研究对象。群内个体数可以相等也可以不等。实际工作中，常以地区分群，故称为地区抽样法。本法易于组织，适用于群间差异较小的对象，差异过大将失去代表性。

整群抽样的优点是容易组织，调查较方便且易为群众所接受，可节约人力、物力，也可以特别了解某种特殊群体的情况，多用于大规模调查。其缺点是由于各群间差异较大，抽样误差也较大，故统计效率低。为此，整群抽样的样本量需大于单纯随机抽样，才能达到同等的精确度。整群抽样的群间越一致越好，群内的差异与总体一致。从统计效率看，整群抽样在符合上述原则条件下，群内容量宜小些，群数宜多些。

(五) 多阶段抽样

多阶段抽样是进行大规模调查时常用的一种抽样方法，实质上是上述抽样方法的综合运用。从总体中先抽取范围较大的单元，称为一级抽样单元（例如县、市）；再从抽中的一级单元中抽取范围较小的二级单元（如区、街），这就是二阶段抽样；还可以依次再抽取范围更小的单元（如居民），即为多阶段抽样。在实际工作中多使用二阶段抽样。如调查某市小学生视力情况，第一阶段随机抽取市几个学校，第二阶段再从抽中的学校中随机抽取部分学生作调查。又如，研究大气污染，可使用多阶段抽样，第一阶段抽城市，第二阶段抽市区，第三阶段抽测试点，第四阶段抽取样品。此法应注意各阶段的连续性。各阶段抽样方法多用单纯随机抽样法，亦可几种抽样法结合使用。

多阶段抽样，可以充分利用各种抽样方法的优势，克服各自的不足，并能节省人力、物力。缺点是在抽样前要掌握各级调查单位的人口资料及其特点，有时是十分困难的。

(六) 时序抽样

为了掌握总体在不同时间的变化，若反复观察同一样本（同一批观察单位），易影响其对总体的代表性。因此在一定时期对时序总体进行连续抽样，可使样本不断得到更换。更换样本的方式有：①每次全部更新样本的观察单位；②每次部分更新样本的观察单位；③后次样本仅包括前次样本的一定比例。长期随访观察中常用此法。

第三节　医学研究设计实例

一个好的医学研究设计是开展医学科学研究的前提，也是申请科学研究基金时非常重要的内容。不同学科、不同研究类型、不同的研究条件和研究水平等都有其相应的研究设计方案。一个总的原则是：突出创新性、具有科学性、结合现实需要性、重视可行性。下面仅以两个简单的医学研究实例来介绍不同专题的研究设计。

一、基础医学研究设计实例

《神经因子在癫痫发病中的作用》

癫痫是一种严重危害人民健康的常见病、多发病，它是以神经元发作性异常放电引起的、以反复痫样发作为特征的临床症候群。

神经与内分泌系统是机体的两大调节系统，它们之间存在着密切的相互联系。在神经细胞上存在内分泌激素的受体，在内分泌细胞上存在神经递质的受体，借此实现双向往返联系。本研究室以往的实验结果也证实神经、内分泌和免疫物质可以共存于大鼠中枢神经元。近年来随着神经因子相互调节机制研究的不断深入，其在癫痫发病中的作用日益受到人们的重视。谷氨酸（Glu）作为一种最常见的兴奋性神经递质可以导致癫痫发作，而糖皮质激素则可抑制癫痫发作，且临床将糖皮质激素用于治疗癫痫已有40多年的历史。临床研究发现，癫痫病人血清和脑脊液皮质醇水平降低。本研究室的结果也显示，马桑内酯诱发癫痫时海马的糖皮质激素受体减少。但上述研究均为在某一方面的纵向研究，而对在癫痫发病中Glu与糖皮质激素相互作用的细胞内机制缺乏系统的实验研究。

神经细胞的活动（包括癫痫发作）是由受体、信使、基因等连续过程实现的，基因表达是细胞活动的核心，而信使是引起基因表达的关键。Ca^{2+}作为细胞内重要的第二信使，介导了细胞对多种刺激的反应。许多实验证实Glu可升高胞浆$[Ca^{2+}]$，提高神经元的兴奋性，以至诱发癫痫。$[Ca^{2+}]$升高是诱导细胞c-fos、c-jun表达，进而结合为转录因子AP-1，启动下游基因转录的始动因素。许多与癫痫发病有关的基因上游调控序列中存在AP-1的调控位点。因而本实验以Glu作为致痫剂，糖皮质激素为抑痫剂，从细胞内信使入手，研究神经因子在癫痫发病过程中的调节作用，以期为阐明癫痫的发病机理提供一些实验依据。

(一) 本题的主要内容

观察在致痫和抑痫过程中，谷氨酸和糖皮质激素分别作用和共同作用下的五种变化：①动物行为及脑电图的变化；②海马锥体细胞层及齿状回颗粒细胞层电位的变化；③第二信使$[Ca^{2+}]$的变化；④c-fos，NF-κB表达的变化；⑤转录因子AP-1

DNA结合活性的变化。

(二) 实验设计、采用的方法及步骤

以S.D大鼠为模型动物,分别使用致痫剂致痫及预先使用抗痫剂再使用致痫剂后,观察如下指标:

(1) 观察两组动物行为及脑电图的变化;

(2) 用离体海马脑片技术观察海马锥体细胞层和齿状回颗粒细胞层电位的变化;

(3) 用Fura-2阳离子检测法观察、分析培养海马回锥体细胞层和齿状回颗粒细胞层内单细胞内 [Ca^{2+}] 的变化;

(4) 用免疫组化观察培养海马神经元c-fos,NF-κB表达的变化。

(5) 提取海马的核蛋白,用凝胶迁移率改变分析法,以^{32}P标记的AP-1为探针,进行探针与蛋白的结合反应,然后进行聚丙酰胺凝胶电泳、曝光、显影、定影、分析。

(三) 进度安排 (略)

(四) 预期结果

(1) 证实糖皮质激素可抑制Glu诱发的痫样行为及脑电图表现;

(2) 证实Glu可通过Ca^{2+}→c-fos→AP-1→癫痫基因致痫;

(3) 证实糖皮质激素可能通过影响其中的某一或几个环节达到抑痫作用;

(4) 根据以上结果,进一步阐明癫痫的发病机理,为癫痫的治疗提供科学依据;

(5) 发表科学研究论文。

(五) 已具备的实验条件

申请者所在研究所有高素质的科研梯队,技术力量雄厚。已具备的实验设备:恒冷、石蜡、振动切片机,荧光、相差、倒置显微镜,低温冰箱,脑电图仪,超速离心机,电泳仪,带微机步进马达脑立体定位仪,SHELL CO_2 细胞培养箱及其他细胞培养设备。

其余所需设备均可在校内或本地联系到,且本研究所与国内外有关单位建立了长期合作关系。

(六) 经费预算 (略)

二、预防医学研究实例

《创建有广东特色的社区卫生服务模式的研究》

本世纪70年代以来,全世界医疗卫生工作的服务观念和服务模式都发生了较大的转变,从为个体进行医疗服务的传统观念转向为社区人群进行群体健康服务的新观念。我国政府历来关心、重视我国人民的健康,专门召开了全国卫生工作会议,作出积极发展社区卫生服务的重要决策。

社区卫生服务指的是在社区一级开展的、以社区居民个人和家庭为对象的综合性卫生服务。开展社区卫生服务可改变区域卫生规划及卫生资源配置不合理现象;可控制医药费用过快增长;是改革城乡居民卫生服务、医疗保障制度以及迎接人口老龄化、向慢性病和传染病挑战的一项有力的措施。在我国,社区卫生服务尚处于起步阶段,如何建立科学、规范、可行的社区卫生服务模式，充分利用现有的社区卫生资源，最大限度地提高居民的健康水平，是我国当前社区卫生服务研究的重点。本课题的结果将为各级政府部门制定社区卫生服务策略和规划，提供科学的依据。

（一）主要研究内容

建立社区卫生服务体系；开展社区人群基本健康状况的测量；建立个人、家庭、社区健康档案；建立社区诊断；建立社区规划；找出需优先解决的健康问题，制定科学的社区干预措施；开展社区卫生服务，实施社区干预；对所建立的卫生服务模式的运转效果进行横向和纵向评价。

（二）拟采用的研究方法

(1) 社区人群健康状况基础调查和健康档案的建立；
(2) 社区诊断与社区规划；
(3) 开展社区卫生服务、实施社区干预；
(4) 社区卫生服务模式效果评价。

（三）研究预期结果

(1) 使社区高危人群及全体居民的健康水平得到显著的提高；
(2) 创建具有广东特色的社区卫生服务运转模式；
(3) 发表科学论文。

（四）年度进展（略）

（五）已具备的条件

申请者所在单位一直从事全科医学与社区卫生服务的教学与

科研工作，参与了我省的社区卫生服务规划与培训，理论和现场工作基础扎实，熟悉国内外的研究动态。参加者分别来自社区工作基础较好的地区，都是从事社区卫生服务规划、实施的专业人员。研究基地都已有较健全的三级医疗网络，各级政府部门都热情支持、合作与积极参与。这些单位同时是我们的教学与科研基地。本课题已有一定的研究基础，一些关键技术已通过试验，完成了研究方案的设计，制定了具有广东特色的社区卫生服务模式的初步方案，可开始大范围的试验。完成本研究所需研究现场的组织工作和信息网络已健全，所需的主要设备和条件已具备。本项目具有较好的可行性。

(六) 经费预算 (略)

第八章 Internet 信息资源在医学科研设计中的应用

第一节 Internet 及其在医学中的应用概况

Internet（因特网）起源于 60 年代末期的美国，80 到 90 年代得到了迅速发展。到 1996 年 7 月，它已连接了全球 175 个国家 6 万多个计算机网络的 1 000 多万台主机，用户达 7 000 万个，2 000 年将有 1 亿台计算机和 10 亿电脑用户使用 Internet。Internet 的迅猛发展对当代医学的各个方面都产生了极其巨大的影响，它不仅使医学工作者随时得到科研、临床、教学以至医药产品购销方面的最新信息资料，促进了医学各专业人员与国内外同行的信息交流，还极大地推动了医学科研的发展。Internet 使得科学研究不再是个人的行为，而是一种集体合作产物，Internet 上巨大的医学信息资源对医学工作者进行良好的科研设计、有效地开展研究工作具有十分重要的意义。

自 1993 年 Internet 引入我国以来，先后建成了 6 个 Internet 国际出口信道，如中国科学院科技网（CSNET）两条、国家教委科研网（CERNET）、邮电部中国公用计算机互联网（CHINANET）、电子部金桥网（CHINAGBN）、国家科委的科技信息网（STINET），并且在数量上还在不断增加，带宽和速率也在增加。中国医学信息网于 1995 年联接 Internet，该网络在全国设立 11 个节点，中国医药信息网也于 1996 年 7 月开始运行。近两年，中国掀起了一股前所未有的入网热潮。据 1997 年 10 月的统计资料，入网主机已达4.9万台，计算机25万台，用户达62万。预计在不久的将来，大多数医学工作者都将会以某种形式与Internet相连。

Internet具有电子邮件（E-mail）、远程登陆（Telnet）、电子论坛（Usenet）、文件传输（FTP）等多种信息服务方式和查访信息（Gopher）、广义信息服务系统（WAIS）以及环球网（WWW，又译作万维网）等多种信息查询及浏览工具，为交互式使用散布于世界各地的科研机构、大专院校、医疗中心、政府部门、学术组织、图书馆及博物馆中的医学信息资料提供了便利。其中环球网是Internet上发展最快、最容易使用的一种工具，它将信息获取技术和超文本、多媒体手段结合在一起，成为包含电子邮件、电子论坛、信息浏览、远程登陆等多种功能的全球信息系统，并且可以运用其中的各种搜索引擎、用关键词等限制条件检索网上各种各样的信息资料。环球网和电子论坛等是医学信息资料的重要来源。

虽然Internet内部的相互连接十分复杂，但使用它并不需要特别复杂的知识，人们花很少的功夫和费用就能很容易地从家里或办公室进入这个网络世界，获取我们需要的医学信息，为医学科研设计提供思路和线索。如今，Internet已成为科研设计必备的工具之一。

第二节 Internet上的医学信息资源

在生命科学高速发展的今天，生物信息呈指数增长，Internet上与医学相关信息资源浩如烟海，蕴藏着取之不尽的医学信息宝藏，这些资源分散在世界各地的成千上万的计算机中，与医学科学研究关系最为密切、在科研设计中应用频率最高的是数据库、电子期刊以及医学分析软件等。

一、主要医学相关数据库

(一) 国外主要生物医学信息数据库

1. Medlars 数据库系统

它是一个由美国国立医学图书馆建立的全世界最权威的、最著名的生物医学文献数据库系统，由近40个数据库组成。其中Medline数据库是全世界最大、使用频率最高、影响最广的生物医学数据库，是医学科研设计中不可缺少的信息来源。

Medline（Medlars on line）是医学索引、国际护理学文献索引和牙科文献索引的组合，它囊括了美国及世界其他70多个国家的3 800多种期刊，收录年限从1966年至今，最新为当月出版的文献。每年提供约40万篇文献，每周更新一次，内容极其广泛，涉及临床医学、实验医学、环境和公共卫生学、药理学、毒理学、心理学、营养学等医药学各个领域及相关的生物医学领域，以其涵盖医学学科的全面性、丰富的医学文献资源、多样化的信息表现形式、方便的信息搜索服务深受医学科研工作者的青睐，尤其是近年一些网页上推出了免费进入Medline入口，使得Medline在医学科研中占有无可替代的地位，与现代的医学科研设计具有密不可分的关系。

Internet上有数个网站提供免费的Medline服务。

美国国立医学图书馆（NLM）提供两种方式的免费Medline服务。① PubMed（http：//www.ncbi.nlm.nih.gov/PubMed/）。PubMed作为Medline的主要检索系统，极易学习和掌握。它有3种文献检索方式：基础查询（Basic search）、高等查询（Advanced search）和临床询问（Clinical queries）。基础查询十分简单，只要在菜单中顺序选择或填入要搜索的数据库名、关键词、一页所显示的文献数量，点击搜索（Search）按键即可。关键词可以是文献的主要词汇，也可为作者姓名、杂志名称或国际标准书号（ISSN）。短词查询在 PubMed 中也十分有用和高效，值得注意的是所填入的短语必须有逻辑相关性并加双引号（""）。高等查询较基础查询有较多可选菜单，用以限定检索的文献范围，它给出了 Medline 所支持的所有可检索字段（Search field），包括作者信息（第一作者的地址、单位等）、进入 Medline 时间、出版时间、PubMed ID、Medline ID 等十余个可选项。同时，高级查询提供了检索模式项（Search mode），分为名单（List）、文本（Text）和自动（Automatic）3 种，以便于文献的快速查阅，一般的在线检索选择默认项的自动模式即可。对高级查询的结果读者还可以根据 Medline 提供的多项菜单再次检索，以缩小检索范围。PubMed 的检索结果均以超文本（Hypertext）的形式显示，读者可以通过点击关心的热连接（Hotlink）查看摘要，询问出版商的网址，了解论文的作者，根据 Medline 提供的作者电子邮件地址索要文献全文等。其内容可下载保存，亦可打印出来。②Internet Grateful Med（http://www.nlm.nih.gov/）。进入该主页后，点 proceed 按键，即显示检索界面，在 Enter Query Terms 项下出现检索框，可键入检索内容。这里也提供多种检索方式，在 Apply Limits 项下有多个选项如文献的出版语言、类型、年限等，可进一步缩小检索范围。

Healthgate 公司是另一个有名的免费提供 Medline 服务的公司，其网址为http://www.healthgate.com/。当连接上该网站后，在其主页上选择 free Medline 项，则进入检索界面。此处列出 7 个可检索的数据库供选择，默认为 Medline，然后在 Enter Search Terms 检索框中键入检索内容。在该处可键入自由词，系统可将其自动转化为规范的医学术语或医学主题词表（MeSH）中的主题词进行检索。如在该检索界面上选择AdvantcedPage，则进入高级检索界面,在 Search for 处键入检索内容,在其左边有布尔逻辑符 And(与),Or(或),Not(非),右边有 All Field, Title, Abstract, All MeSH, Major MeSH 等可供选择,使检索更为精确。

其他常用的提供免费 Medline 的网址有:

http://www.healthy.net/library/search/medline.htm/;

http://www.medscape.com/Home/search/search.html/;

http://biomednet.com/db/medline/index.htm/;

http://www.obgyn.netumed2 line.htm/;

http://www.kfinder.com/。

2. 分子生物学数据库

近年来,分子生物学的新理论和新技术不断涌现,发展非常迅速,分子生物学的理论和技术已自成体系,并且广泛地渗入生命科学的各个学科。各学科以分子生物学为基础在更深层次上揭示疾病与健康的本质,从分子水平来研究和阐明前沿领域的一些问题。现在许多医学研究者在进行课题设计时都要求查阅有关分子生物学的技术和方法,在较深入的科研工作中往往要用到网上的分子生物学数据库。于今,数目众多的分子生物学数据库和软件已相继与 Internet 连接,使得在 Internet 上分析核酸和蛋白质序列成为可能,可分析的种类也越来越多。例如,对序列库的相似性检索、RNA 二级结构的预测、蛋白质二级结构的分析等。序列分析主要有两种基本类型:同源性分析和特异性分析。同源性序列分析是将一个得到的序列对已有的序列的检索,进而评估其功能等特性;特异性序列分析内涵更广,包括外显子预测一直到蛋白质结构预测。

在众多的核酸和蛋白质序列的数据库中,美国国立卫生研究院全国生物技术研究中心(NCBI)的 GenBank(http://www3.ncbi.nlm.nih.gov/)、欧洲生物信息学研究所的 EMBL 核酸序列数据库（http://www.ebi.ac.uk/）以及日本 DNA 数据库（DDBJ）（http://www.nig.ac.jp/）是收录范围最大、完全向公众开放的三大核酸序列数据库，它们每天都相互交换最新收录的序列，并在 Internet 上进行更新，从而使用户可以通过 E-mail，匿名 FTP 和 WWW 进行最新查询。蛋白质序列数据库主要是瑞士日内瓦大学的 SWISS-PROT，蛋白质结构数据库主要是美国 Brookhaven 国家实验室的 PDB（Protein Date Bank）。NCBI 开发的 ENTREZ 系统综合了上述各大数据库的信息和 Medline 的文献信息，具有强大的功能。

在核酸与蛋白质序列数据库中，序列记录有两种形式：一种为完全数据库记录形式，包括作者、文献、生物学命名、序列和一个序列特征表（包括内含子、外显子、起始密码子和终止密码子位置等）；另一种形式则仅包含编号、描述性标题和序列，它通常用于快速近似性查询。

此外，还有一些专项数据库，如载体序列数据库、人类突变基因数据库、酵母数据库等。

（二）中国期刊网期刊文献信息资源

1. 中国期刊网简介

中国期刊网是由清华大学中国学术期刊电子杂志社、光盘国家工程研究中心、清华同方光盘股份有限公司共同开发，是中国知识基础设施工程（CNKI）重点工程之一，1999 年 6 月正式开通运行。中国期刊网的开通极大地方便了我国科研人员充分查找和利用中文期刊文献，尤其是能通过它网上阅读或下载全文，使得我国中文文献能得到最广泛地利用。

中国期刊网的网址：http://210.74.140.6/，也可由 CNKI 网站首页（http://www.cnki.net/）进入。中国期刊网收录了 3 500 种核心与专业特色期刊 1994～1999 年 6 月全文数据近 300

多万篇全文文献，6 600种期刊近1 000万条引文文献题录和近400万条题录摘要。这就从起步开始基本上解决我国期刊文献网络化的建设问题，可以说它是基础扎实、资源丰富并具有实际应用价值和前景的网络信息服务系统。该网全文检索试用期免费，之后则需交费注册入网使用。

中国期刊网期刊文献资源分为3个层次，即：题录数据库、题录摘要数据库及全文数据库，提供包括全文检索在内的8种单项检索功能和组合检索功能，支持文章原文的浏览、下载、打印和摘录功能，数据库每天更新。此外，中国期刊网还包括数据量庞大的"中国学术期刊评价数据库"、"中国期刊广告发布库"、"中国期刊博览征订库"、"作者库"等。题录数据库数据项目少，但数据条目巨大，主要侧重于篇名检索。题录摘要数据库与专题全文数据库的检索数据项目完全相同，因前者已包含全文检索，故两者检索功能完全相同，但只有在专题全文数据库才能显示、下载全文原版内容。各类数据库均按专业学科划分编辑，共分医药卫生专辑、教育与社会科学专辑、电子技术及信息科学专辑等九大类。医药卫生专辑分为预防医学与卫生学、中医学、中药学、基础医学、临床医学等25个分科数据库，可单科或全科检索。截止到1999年6月30日止，收录期刊的文献量为：整刊555种，相关期刊620种，题录4 079 310条，题录摘要1 249 560条，全文文献1 071 940篇，学科内容包括医学、药学、中国医学、卫生、保健、生物等。

2．基本检索功能

（1）检索范围。检索范围包括：

层次范围：在题录、题录摘要、专题全文3个层次中选择检索；

时间范围：检索某时间范围发表的文章，目前只能是1997～1999年；

内容范围：同时检索若干个专题数据库。

（2）专项检索。在专项检索与全文检索中，本浏览器均支持词、非词和逻辑表达式 3 种形式的检索词方式。8 项检索包括：

标题检索：检索在文章标题中出现的检索词的文章；

作者检索：检索某作者发表的文章；

作者单位检索：输入单位名称，检索该单位的作者发表的文章；

关键词检索：检索在文章关键词中出现的检索词的文章；

摘要检索：检索在文章摘要中出现检索词的文章；

分类检索：检索属于某类专业或学科的文章；

引文检索：检索在文章引文中出现检索词的文章；

基金检索：检索在文章基金项目中出现检索词的文章。

（3）全文检索。检索在文章全文（包括文章全部内容）中出现检索词的文章。

（4）逐次检索。对上述任何方式的检索结果，可以在此结果范围内用新的检索词进行逐次逼近检索。

（5）位置检索。按检索词的位置，检索在文章给定位置出现检索词文章，以提高检索结果的准确度。

3．高级检索功能

（1）组合检索。在浏览器基本检索界面中，提供多个专项检索项目的逻辑组合检索。

（2）检索表达式检索。在浏览器高级检索界面中，提供由多个专项检索项组成的专业检索表达式检索。

4．输出功能

（1）检索结果的题录和摘要提供：中文、英文、中英文对照 3 种显示方式。

（2）输出题录；

（3）输出题录摘要；

(4) 网上浏览全文；
(5) 下载全文；
(6) 打印全文；
(7) 机上摘录功能。

二、网络期刊

Internet 上的电子期刊作为一种新的信息载体，具有经济性、及时性、方便性、共享性等许多优点。目前 Internet 上已有相当数量的医学电子期刊，而且许多是免费共享的，可以查阅期刊的目录、文摘或全文。另外，不少普通期刊的印刷质量虽然很好，但 X 线片等图像的质量往往比原图稍差。而随着数字成像技术及 Internet 技术的日益完善，在网上出版带 CT、MR、正电子发射断层照相术、单光子发射计算机断层照相术、数字减影血管照相术图像的电子期刊和书籍的优点也将越来越突出。

除了出版完全的网上医学期刊之外，现在世界上很多医学期刊已开始接受经 Internet 投递的论文稿件和图表，通过 Internet 进行文章的审阅、修改或交换意见，并可在网上提前看到尚未出版及刚出版的期刊目录、论文作者、摘要等内容，这就大大加快了期刊出版发行的速度。

随着许多书本式期刊相继上网，其意义将越来越大，如果广大医务工作者和科研人员能充分利用这一部分的信息资源，在课题设计前认真阅读有关电子期刊，了解学科发展的最新动态和应用的实验技术，定会少走弯路，从中获得极大的帮助。

较为著名的网络医学期刊如：
英国医学杂志（British Medical Journal）
http://www.bmj.com/bmj/；
美国医学会杂志（Journal of the Americal Medical Association）

http：//www.ama-assn.org/scipub.htm/;

细胞（Cell）

http：//www.cell.com/;

环境卫生展望（Environmental Health Perspectives）

http：//ehpnet1.niehs.nih.gov/docs;

自然（Nature）

http：//www.nature.com/;

柳叶刀（The Lancet）

http：//www.thelancet.com/;

分子生物学杂志（Journal of Molecular Biology）

http：//www.hbuk.co.uk/ap/journals/mb.htm/;

生物化学杂志（The Biochemical Journal）

http：//bj.portlandpress.co.uk/;

环境科学与技术（Environmental Science and Technology）

http：//pubs.acs.org/;

科学（Science）

http：//www.sciencemag.org/;

癌基因（Oncogene）

http：//www.stockton-press.co.uk/;

分子药理（Molecular Pharmacology）

http：//www.wwilkins.com/molec-pharm/;

毒理学与应用药理学（Toxicology and Applied Pharmacology）

http：//www.apret.com/。

三、网上软件

医学有关的网上软件目前利用最多、较重要的是分子生物学的分析软件。在核酸和蛋白质的分析方面，虽然 GCG，PC

GENE等商品化软件具有强大的功能,但价格昂贵,操作复杂,需经过专门培训才能掌握,且每隔一段时间要升级,而使用网上软件则避免了上述缺点。充分认识和利用Internet上免费的分子生物学软件是生命科学工作者的必备素质之一。

网上分子生物学的软件有多种。

(一) 同源性检索软件

利用这类软件检索数据库得到与靶序列具有同源性的序列,在一定程度上起到核酸杂交实验的作用,因而被称为电子杂交。美国国立卫生研究院全国生物技术信息中心(NCBI)的BLAST软件(Basic Local Alynnet Search Tool,局部对比基本检索工具)是较常用的一种同源性检索工具,由一组功能不同的程序组成,目前主要有5种(表8-1),其中BLASTN用于在核酸序列库中检索核酸序列,BLASTP用于在蛋白质序列库中检索氨基酸序列,TBLASIN则可以在核酸序列中检索氨基酸序列。另一种常用的检索程序是FASTA,即FASTN和FASTP程序的新版本,它首先在序列库中进行快速的初检,找出与待检序列高度同源的序列,这一快速检索局限于待检序列和序列库序列之间较短的完全相同序列区上。可以对一序列使用这两种方法进行检索以增加找到同源序列的可能性。

(二) 未知序列分析软件

随着人类基因组计划的开展,争夺有限基因资源的竞争日益激烈。利用网上软件分析未知序列,迅速得到尽可能多的信息显得尤为重要。仅仅在几年前,网上只零散地分布着一些功能简单的小程序用于新基因的鉴别,现在这些软件有了长足的发展,其中一些优秀软件根据功能归类被集中在一个网页上(http://bioinformatics.weizamann.ac.il/gdp/gdp.html/),极大地方便了使用。

表 8-1 BLAST 软件所含程序及其功能

程序	查询序列	数据库所含序列	内容
BLASTN	Nucleotide	Nucleotide	* Parameters optimized for speed, both strands not sensitivity. * Not intended for finding distantly-related coding sequences. * Automaically checks for complementary strand of query * Low-complexity filter option
BLASTX	Nucleotide, six-frame translation	Protein	* Very useful for preliminary data containing potential frameshift errors, i.e., ESTs and other "single-pass" sequences. * 12 different genetic codes available * 65 different scoring matrices available * Low-complexity filter options with SEG or XNU algorithms
TBLASTX	Nucleotide, six-frame translation	Nucleotide, six-frame translation	* Very useful for preliminary data containing potential frameshift errors, i.e., ESTs and other "single-pass" sequences. * 12 different genetic codes available * 65 different scoring matrices available * Low-complexity filter options with SEG or XNU algorithms
BLASTP	Protein	Protein	* 65 different scoring matrices available * Low-complexity filter options
TBLASTN	Protein	Nucleotide, six-frame translation	* Essential for searching protein queries against EST database. * Often useful for finding undocumented open reading frames or frameshift errors in database sequences * Same genetic code and scoring matrix option as BLASTX. * Low-complexity filter options

(三) 其他常用软件

Entrez 分子信息检索系统是 NCBI 开发的一套软件系统，可以对生物医学期刊引文、蛋白质和核酸序列、三维结构数据和分类学信息进行综合检索，它可由 http://www.ncbi.nlm.nih.gov/Entrez/进入。

Image 是由 Wayne Rosband 开发的用于图形分析的软件，可用于测定面积、平均密度、重心等，测量结果可以打印输出，也可输出到文本文件或拷贝到剪切板上。该软件可由 http://www.scioncorp.com/得到。

其他如 DNA 序列酶切位点分析软件 http://www.medkem.gu.se/cutter/，PCR 引物设计软件 http://www.genome.wi.mit.edu/cgi-bin/primer/primer3.cgi/等。

第三节 在科研设计中如何有效利用网络资源

一、利用检索工具

Internet 蕴含着丰富的信息，随着 Web 空间的日益庞大，它像一座迷宫，令广大用户无所适从。为了帮助用户快捷地获取所需信息，许多公司和信息机构纷纷推出了各种检索工具。Web 检索工具按其检索功能大致分为两类：检索引擎和主题指南/目录。检索引擎（Search Engines）是通过 Robot，Spider 等软件自动搜寻网络资源，并自动排序或索引，形成一个庞大的主页信息数据库，查全率较高，但查准率较低；主页指南/目录（Subject Guides or Directory）是由人工干预，按某种分类规则建成树状等级目录，最常见的为主题分类目录，因人工参与编制，检出结果比较可靠，查准率较高，但查全率较低。目前大多数 Web 检索工具同时具有该两种功能。

Web 检索工具根据使用对象分为通用型和专业型，通用检索引擎/目录是综合性的信息检索系统；专业检索引擎/目录是专业信息机构根据专业需求，将 Internet 上资源进行筛选整理，重新组织而形成专业信息指南，专业针对性较强。

(一) 通用检索引擎和目录

现介绍几种优秀的通用 Web 检索工具，其中 AltaVista 是典型的检索引擎，而 Yahoo 则是典型的主题指南。

1．AltaVista

AltaVista(http://www.altavista.digital.com/)创建于 1995 年 12 月，收集了 3 000 万网页，14 000 个新闻组的全文数据，成为互联网上使用频率较高的检索引擎，每周访问人数超过 2 100 万人次，是目前最优秀的搜索工具之一。其优点是：① 检索非常之快，一般只需数秒钟，它拥有一个含时间变量的数据库，能保证所查询的资料都是最新和最全面的；② AltaVista 的搜索结果最为完全也更为准确，而且它还提供了网点的摘要介绍，这样用户能很方便地选择自己需要的网页；③ AltaVista 的查询分为简单查询和高级查询，简单查询只要求用户输入一个或几个关键词即可，高级查询功能特别强大，还有一个颇具特色的检索结果排序功能。

AltaVista 检索规则：

(1) " " 表示检索一个词组，如 "computer communication"。

(2) + 表示检索结果必须出现的词或词组，如 + hepatitis + prevention 检出肝炎预防的内容；- 表示检索结果中不出现的词或词组，如 hepatitis - animal 检出人类肝炎的内容。

(3) *表示使用通配符来进行查询，如 computer * 可检出 computer，computers，computing，computation 等词。

(4) 对大小写具有敏感性，输入小写字母，则会同时命中大写单词。但大写字母却特指大写的单词，如 mednet 命中 MedNet，Mednet，mednet；而 Medicine 只命中 Medicine。

(5) 高级检索中支持布尔逻辑符 AND，OR，NOT 以及位置运算符 NEAR（要求连接的两个词同时出现，前后不超过 10 个单词，前后位置顺序不限）。

(6) 在排序 Ranking 框中，输入检出结果中包含的核心词，致使检出结果以与该核心词相关程度排序，从而突出重点。

2. Yahoo

Yahoo（http://www.yahoo.com/）是互联网上最早的、也是最成功的分类目录，1994 年 4 月由斯坦福大学研制，1995 年 Sequoia Capital 公司投资创建 Yahoo 公司。目前已累计了数十万网址，其最大特色是提供了全面的分类体系，按主题逐级分类，将 WWW 服务按主题建立分类索引，共分 14 个大类，如艺术与人文、商业与经济、电脑与 Internet、教育、健康、休闲与运动、科学等，其中健康类目又分为医学、疾病、药物与保健等小类。Yahoo 目录全面，检索结果较好，是网络上一个最受欢迎的用来查找其他 Web 页的地点之一。最近，Yahoo 开通了中文版"雅虎"，其收录的类目与英文版类目基本相同，但目前信息资料不多。

3. Infoseek

Infoseek（http://www.infoseek.com/）是 1995 年推出的，至 1996 年 4 月采用多元自动跟踪索引技术，在快、大、新、准方面有新的突破，现包括数千万网页，每周对 2 500 万个网页的变化更新一次，是一种高效率的检索工具。

Infoseek 除了可直接输入检索词进行检索外，还设有分类目录，可进行分类检索，并可两法交替进行，优化检索结果，精确度高，查到的节点一般都与你的要求相符。Infoseek 的检索结果按其相关程度依次显示，并提供很好的描述。检索返回的结果相关程度高的排在前，每屏 10 条，内容为：Web 页面的标题、内容简介、相关程度（百分比表示）、网址和文件长度。用户可以先浏览检索结果，然后通过 Infoseek 的检索框，再输入检索词，进一步检索，不断优化检出结果。

4. Excite

Excite（http：//www.excite.com/）创立 1993 年 8 月，收集了 5 000 万网页，可进行全文检索，具有两个突出的特点：一是检索建立在概念基础上，检出结果包括检索词语义相近的网址，例如，在检索老年人（Elderly People）时，同时检索老年市民（Senior Citizens）；另一特点是相关网页链接，即一旦检索到有用的网址，就可链接至该网址相关的其他网页。

5. 中文搜索引擎

随着 Internet 在我国的发展，中文信息也逐渐在网上推行，目前已有一些中文搜索引擎，如网易搜索（http：//www3.yeah.net/）、搜狐（http：//www.sohoo.com.cn/），通过它们可以找到国内的有关医学的中文网址，但因中文网上信息量相对较少，中文搜索引擎收集的中文网址也不多，往往难以满足科研的需要。

（二）医学检索引擎和目录

1. MWS

MWS（medical World Search 医学世界检索，http：//www.mwsearch.com/）由 The Polytechnic Research Institute 创建。MWS 采用美国国立医学图书馆的 Unified Medical Language Systern 词表，该表融合了 30 余种生物医学词表和分类法（包括 MeSH 词表），约 54 万个医学主题词，几乎能提供每个医学术语

的信息。MWS检索时可根据词表扩大或减少检索范围，从而能获得最理想的检索结果。MWS还可自动调整检索词，使其符合其他检索工具如 Infoseek，PubMed，Medline，AltaVista 的要求进行检索，从而达到综合检索效果。

2．Medical Matrix

Medical Matrix（医源，http：//www.medmatrix.org/index.asp/）由 Healthtel Corporation 创建，其目标是在国际学术机构协作下成为"21世纪的 Medline"。

医源是一种由概念驱动的智能检索工具，包括4 000多个医学网址，分类编排，使用时只需逐层点击，即可免费获得相应的内容。其内容分为7大类：专业和疾病（Specialty and Disease Categorized Information）、临床实践（Clinical Practice）、文献（Literature）、教育（Education）、卫生保健和职业（Healthcare and Professionals）、计算机和医学交互网技术（Computers, Medical Internet and Technology）以及市场（Marketplace），并将各大类内容进一步细分为不同的小类，每个类目下均列出所包含的网址。医源是一个巨大的 Internet 临床医学信息资源数据库，提供即时的超文本、超媒体信息链接，辅助临床决策。医源的使用方法与其他 Internet 信息检索工具的使用方法基本相同，有分类检索和关键词检索两种检索方式。用户第一次使用需先注册（免费），它还可以提供免费 Mailing Lists，只要订阅了它的 Mailing Lists，即可定期收到网上新增医学节点的通知。

3．HealthAtoZ

HealthAtoZ（http：//www.heathatoz.com/）是一个功能强大的 Internet 医学信息资源搜寻器，它能对医学有关的信息进行准确有效的搜寻，它所收集的信息均经过医学专业人员的人工编排，以保证搜寻的准确性和方便性，所搜集的内容每周均进行更新，可按分类及关键词的方式进行检索。

4. MedExplorer

MedExplorer（http: //www.medexplorer.com/m - publi. htm/）检索方法与其他网络搜寻器基本相同，主要提供有关医学新闻和杂志的信息。

二、医学导航

目前 Internet 上有成千上万个医学网址，并且与日俱增，虽然许多医学研究机构、信息部门已创建了一些医学检索引擎/目录，但终因数据库范围有限，不能包罗整个网络所有医学资源，在检索时有可能漏掉与设计的课题相关的重要信息，尤其是对不熟悉计算机操作技能的人员，更会束手无策。现在在网上出现的许多医学导航系统能引导用户轻松地进入自己要找的网页。

(一) 一般医学导航

下面介绍几个优秀的医学导航系统，供大家在科研设计中选用：

（1）Biomedical Information Service（http: //www. eskimo. com/）是一个覆盖生物医学、生物技术、临床医学等内容的大型专业网址。

（2）Medical Matrix Guide to Internet Clinical Medicine Resources（http: //www.medmatrix.org）免费查询 Internet 上最新临床医学信息，提供医学新闻、杂志等服务。

（3）Netscape（http://www.ohsu.edu/cliniweb/wwwv1/）是一个几乎囊括所有医学信息网络地址的医学资源目录大全,其一级目录按机构名称字序排列,二级目录按主题排列,用户可以显示某一地址,也能直接与该地址上的服务器连上,显示子目录。

（4）军事医学科学院网络信息中心主页（http: //

www3.bmi.ac.cn/）内的"Internet 生物医学信息资源指南"，收集和整理了大量的生物医学信息资源，可直接链接到国际国内权威的生物医学研究机构的网页，还提供了美国研究机构 WWW 节点索引以及全球大学 WWW 节点索引。

（5）Medical Navigator（http://www.shmu.edu.cn/library/mednav.htm/）由上海医科大学图书馆创建。它收录了600余个Internet网上质量较高的综合性和专业性的医学检索引擎/目录与数据库，它分为两部分：

第一部分：Hot：Excellent Medical Sites（guide to all aspect of medicine）。

第二部分：

a. Basic Medicine;

b. Clinical Medicine;

c. Preventive Medicine;

d. Pharmacology;

e. Medical Image Sites and Multimedia Instruction;

f. Computer;

g. Miscellaneous Sources;

h. Directories;

i. Journals;

j. Telemedicine。

第一部分是收录范围广，质量高，具有一定影响的综合网址，如：Free Medline, Medical Matrix, Medical World Search 等。这类网址使用频率高，成为网上检索热点。第二部分为各专业网址，按学科体系大致分为10类，有的类名下还设置了二级类目。Medical Navigator 系统对提供的网址均列有简介，使用时只需点击所选类目，即可逐层展开，直至获得所需信息，或输入检索词，获得相应信息，并可通过浏览器的 Save 功能下载资料或 Print 功能即刻打印。

(二) 专业导航

目前网上已有不少不同医学专业的导航服务，以方便不同学科的研究人员轻松浏览自己学科领域的内容。现介绍两种专业导航。

1. 分子生物学专业网络导航

第四军医大学全军基因诊断技术研究所于 1997 年 6 月建成了国内第 1 个全中文、全方位提供分子生物学信息服务和查询的分子生物学专业信息网（http://bionet.fmmu.edu.cn/），此网上提供了专业网络导航（http://bionet.fmmu.edu.cn/netguide/default.htm/）。此导航将分子生物学相关网址分为 7 个模块：医学文献检索、核酸序列查询与分析、蛋白质信息查询与分析、分子生物学常用软件、著名分子生物学信息服务网站、网上生物学相关杂志、网上科技教育资源。通过链接，可以直接进入所要去的网站，打开网页浏览使用。

2. 肿瘤学信息导航

肿瘤学可能是 Internet 上资料最丰富的一个专业。由国际癌症信息中心(ICIC)美国国家癌症研究所(NCI)等联合主办的 CancerNet 站点（http://cancernet.nci.nih.gov/）提供了常见癌症各方面信息资料的导航。通过 WWW 登记到主页，在不同路径能找到适合于卫生保健人员和科研人员的信息，包括各种类型癌症的诊断、治疗、实验及统计等内容；又可以按病人途径找到用适合于大众的语言写成的肿瘤知识及信息等。

三、电子邮件

电子邮件的问世使信息交流不再受到空间和地域的限制，电子邮件使人们在网上交流信息、传送信件和各种文件（数据文件、电子表格、动画资料和多种音频、视频信息等），使用方便且费用低廉，是在 Internet 中用户最常使用的功能之一。利用商品软件收发电子邮件，非常方便，发收 E-mail 可使用不同的程序，如 windows95 的 Exchange、windows98 的 Outlook Express，Netscape 附带的 E-mail 功能。用 IE 浏览器可直接进入网上诸多的免费电子信箱，收看或发送电子邮件，进行信息交流。

另一方面，E-mail 在医学科研中具有重要功能，如利用 E-mial 检索那些提供电子邮件检索服务的医学数据库，通过 Internet 电子邮件获得 Uncover（1 700多种杂志，600 万篇文章）的文章传真拷贝服务；用户还可在 Internet 获得多种形式的专利服务。近年来，许多核酸和蛋白质序列数据库建立了与 Internet 的链接，建立了电子邮件服务器，向用户免费提供序列分析服务。只要用户按规定的格式向电子邮件服务器发送一个电子邮件，提出序列分析请求，电子邮件服务器即可完成序列分析，用户无需知道有关程序的具体操作步骤，这为分子生物研究者提供了极大的方便。电子邮件服务器的功能不同，其规定的格式也各不相同。对于大多数电子邮件服务器，用户只要向它请求帮助（Help）信息，即可得到一份使用说明，告知用户如何编辑一个格式化序列分析请求。

目前，常用的用于序列分析的电子邮件服务器地址如表 8-2。

不同的电子邮件服务器具有不同的服务功能，其运算方法和策略的构建也各不相同，若需了解更详细的信息，可发"Help"请求到该服务器。下面简单介绍 Blast 服务器（blast@ncbi.nlm.nih.gov）对 GenBank 进行序列类似性检索过程。

用户可向 Blast 服务器地址发送一个电子邮件，在 Subject 部分输入 Help，即可得到一份使用说明。但是如果用户在检索中

表 8-2 常用序列分析电子邮件服务器地址及其功能

类型	电子邮件服务器地址	服务功能
类似性检索	bioscan@cs.unc.edu	发送核酸或蛋白质序列,对 swiss-prot,pir 或 GenBank 检索
	blast@ncbi.nlm.nih.gov	发送核酸或蛋白质序列,对核酸或蛋白质序列数据库检索
	blitz@embl-heidelberg.de	发送核酸或蛋白质序列,对 swiss-prot 数据库检索
	blocks@howard.fhcrc.og	发送核酸或蛋白质序列,对 blocks 数据库检索
	dapmail@ed.ac.uk	发送核酸或蛋白质序列,对核酸或蛋白质序列数据库检索
	cbrg@inf.ethz.ch	序列对准比较,进行树分析,对 swiss-prot 数据库检索
	dflast@watson.ibm.com	发送蛋白质序列,对 swiss-prot,GenBank 检索
	fasta@embl-heidelberg.de	发送核酸或蛋白质序列,对核酸或蛋白质序列数据库检索
	flat-netserv@smlab.eg	产生一互补的 DNA 链,用 FASYA 程序(fasta,tfasta,lfasta)
	fileserv@gunbrf.bitnet	发送核酸或蛋白质序列,对核酸或蛋白质序列数据库检索
	quick@embl-heidelberg.de	发送核酸序列,对 EMBL 和 GenBank 数据库检索
	sbase@icgeb.trieste.it	发送蛋白质序列,对 SBASE 数据库检索
基因识别	geneid@darwin.bu.edu.	外显子和基因结构预测
	service@bchs.uh.edu	基因结构和蛋白质二级结构预测
	modif@enome.ad.jp	基因识别
	genlang@cbil.humgen.upenn.edu	完整基因识别
	genmark@ford.gatch.edu	基因编码区预测
蛋白质分析	grail@orml.gov.	蛋白质质量指纹图的预测
	mowse@dl.ac.uk	已知蛋白质重量指纹图的测定
	nnpredict@celeste.ucsf.edu	蛋白质二级结构的预测
	predictprotein@embl-heidelberg.de	蛋白质二级结构的预测
信号识别	netgene@virus.fki.dth.dk.	内含子剪接位点预测
重复分析	pythia@anl.gov.	人类重复 DNA 元件的确定以及 Alu 序列的测定并归类

遇到困难和问题时，也可以向 Blast－help@ncbi.nlm.nih.gov 发送请求信息。

为了便于用户检索到准确的信息，NCBI 设计了一套检索方法，有 12 个检索指令，每一指令的属性和功能不同。在 PROGRAME 指令下必须选定一个 blast 程序，如 blastp, blastn, blastx, tblastn 或 tblastx，根据查询的序列和目的选择合适的 blast 程序，有助于获得满意的结果。然后在 DATALIB 指令之后指定检索的数据库，blast 电子邮件服务器能够检索的数据库有肽序列数据库和核酸序列数据库。接下来的 9 个指令 NCBI－GI, DESCRIPTIONS, ALIGMEWTS, EXPECT, MATRIX, FILTER, HTML, GCODE, PATH 均为非必备指令，可根据需要与否定义各自相应的参数。BEGIN 是最后一个指令，为必备指令，是用 FASTA 格式或自定义格式的检索序列。

四、网上学术交流

新闻组（Newsgroups）、电子邮件通信组（Mailinglist Groups）、兴趣小组（Interest Groups）、专题讨论组（Discussion Groups）、电子论坛（Forum）等，其实质都是网上电子邮件通信的进一步发展而衍生出来的不同的服务方式，其特点是将信息分发给有共同兴趣的特定用户群，并允许他们发布信息或阅读他人发布的信息，这类服务非常活跃。对医学科研工作者来说，加入网上一个与本专业有关的医学专题讨论组，就像参加专题研讨会进行学术交流。目前网上有成千个与医学有关的专题讨论组，讨论的问题五花八门、包罗万象，几乎所有医药热点问题都反映到专题讨论组。例如英国疯牛病事件，网上很快就出现该主题的节点和讨论组。每个讨论组以某个研究领域为主题，活跃的专题讨论组就像一个没有围墙的专家系统，能够对一些专业问题迅速作出反应，有些用户还会发布实验中创新的技术方法和心得体会，以方便他人的工作。对病人来说，紧急求助或请求会诊，只要将病历放入网上，世界各地的热心人士就会通过电子邮件等作出反应，给出诊断和治疗意见及有关的文献资料。组织完善的新闻组不但是交流的场所还可以提供大量的信息，如细胞因子新闻组（http://bioinformatics.weizmann.ac.il/cytokine/）的主页上，汇集了有关杂志、产品、会议通知、网址等信息，可以说是细胞因子的百科全书。

除了专一主题的新闻组外，还有更大规模的生物学家电子论坛，如 BIONET 和 BioMOO。BIONET（http://www.bio.net/）由美国科学基金会创立于 1991 年，目的是使全世界的生物学家利用网络进行交流，它根据不同专题分为几十个新闻组，用户以电子邮件的形式参与新闻组的活动。BioMOO（http://bioinformatics.weizmann.ac.il/BioMoo/）是生物学家网上聚会的场所，即所谓的虚拟会场。目前有上千名生物学家经常参加 BioMOO 的活动。如果我们能积极地加入这样的讨论组和电子论坛，参与交流，对科研思维会有很大帮助，从而有益于科研设计的创新性和严密性。

五、网上信息质量评价

Internet 是信息的海洋，人们可随时享用信息、随意发布信息，使网络信息良莠不齐。因此，我们还必须对所获得的信息的质量进行评价，确保信息的可靠性。

网络资源评价标准：
(1) 文献内容的精确性、新颖性及时效性；
(2) 著者或机构的知名度；
(3) 网址相对稳定性；

(4) Web 检索工具和数据库的收录范围、用户界面、反应速度；

(5) 浏览评价网址的检索工具。

随着网络资源的质量问题的提出，一批评价网址的检索工具应运而生。现介绍两种评价医学网址的检索工具。MedWorld Best Sites (http: //www－mde.stanford.edu/school/MedWorld/medlinks/) 由美国斯坦福大学编制，列出 Internet 上最好的医学网址，分为 7 大类：①Cool sites（热门网址）；② Basic Sciences（基础科学）；③Clinical Sciences（临床科学）；④News & Information（新闻与消息）⑤ Patient Resources（病人资源）；⑥ Physician Resources（内科医生资源）；⑦）Research（研究）。评分从 1 个星到 5 个星，共分 5 个等级。每个医学网址列有评分星级、简短的评述及评述的日期等。另一个评价工具是 The Six Senses Review: A Healthcare & Medical Web Site Review Program (http: //www.sixsenses.com/)，它是由 ECHO Strategies Group. Inc. 主办，通过专门系统对网上医学网址进行评价，给出 4 级评分标准，1 级：6～11 分，2 级：12～17 分，3 级：18～23 分，4 级：24～36 分。每个网址下均有简短的评述及评述日期。可按分类目次浏览，也可直接输入医学网址。

通过多浏览有关网上信息质量评价的网页，充分了解哪些是优秀的网址，哪些是一般或质量不可靠的网址，在科研设计中应多参考优秀网页中提供的有关资料，少翻阅质量低的网页，以免浪费有限的时间和精力。

六、有效利用网络资源的措施

Internet 从最初的雏型 ARPANET 开始，历经 20 多年的发展，现已成为全球最大的计算机互联网。它的应用已从军用深入到教育、科研、商务和家庭等领域，任何国家各专业技术领域的科研工作，如果不使用 Internet，不在这一国际平台上工作，就不可能达到这些领域的前沿，难以开展具有国际水平的工作。近年来，随着 Internet 网络在我国的迅速发展，特别是中国教育和科研计算机网络（CERNET）的建成，使我国广大医疗、教学、科研人员也能在 Internet 同一国际平台上享用信息、广泛交流和参与竞争。而且在 Internet 极其丰富的医学资源中，许多是免费提供的，这使我国科研人员充分利用网络资源成为可能。要使网络医学信息资源很好地为科研设计服务，应注意如下几个方面：

（一）掌握电脑和网络基本知识，多上网

要充分掌握和利用 Internet 资源，获取信息和知识，首先要了解 Internet 的有关知识，充分掌握有关上网硬件、软件的性能。目前最为流行的软件有 Windows98，IE4.0，IE5.0 等，要能熟练使用，灵活掌握。要掌握电脑经电话线或局域网连接等基本的入网途径。注意学习、积累和总结各个生物学数据库的检索方法和有效的检索途径。网络信息发展迅速、变化很快，一些网站的网址也不固定，时有变动，因此需要多上网，经常融于网络环境，才能及时把握医学信息的发展动态及分布变化规律，有效利用网上资源。本章介绍的一些医学信息资源只是网上常用的部分内容，更多的与医学有关的网页还需读者结合自己的专业和科研需要，自己上网搜寻、浏览和掌握。

（二）建立自己的超级链接

平时注意收集和积累相关网站地址，对于有用的网址和主页进行有效的组织和归类，放入 IE 的链接内或添加到收藏夹，建立起超级链接，上网检索时直接从自己的计算机中打开有超级链接的网页，轻松获取网页的新信息或进行检索，这样既节省查找

网址所花的时间和费用,也大大提高了检索效率。

(三)选择最佳检索出发点

Internet 虽资源丰富,但由于信息过于庞大和分散,而且变化也十分快,给网上检索带来不便。为了能高效地获取医学信息,不仅需要掌握多种 Web 检索工具,而且还需要一个最佳的检索出发点。医学检索工具和数据库通常由医学专业机构编制,其内容一般按学科体系分类,有时还备有 MeSH 词表功能,专业性强,学术水平高,能有效地在特定的医学主题范围内很快检出所需信息。医学检索引擎 Medical World Search、医学指南 Medical Matrix 以及上海医科大学的医学导航系统 Medical Navigator 均是很好的检索出发点,读者可根据自己的喜好及专业研究需要进行选用或同时应用,找到自己需要的网址或进入网页。从不同的生物医学专业网页中可及时获得正在研究的课题中的最新动态、新治疗方案、新药等,改善时空滞后效应;也可获得权威人士的综述、有关学科的经典理论等专业性较强、具有一定学术价值的内容;还可了解有关学科的会议信息,甚至可浏览相关专业期刊的摘要或全文,可以弥补某些杂志在本地图书馆欠缺的不足。Medline 等生物医学数据库是医学科研的必用资源,可从中获得研究中必要的数据、有关主题的摘要或全文。数据库提供的信息不同于在医学网页中获取的信息,由于 Medline 等数据库信息源主要取自期刊,从中获取的信息往往是已经完成的研究成果,但从不同医学网页中却可获得尚未发表或研究中的最新动态,往往可获得课题设计的新思路。

(四)用活通用检索工具

从 Yahoo,Infoseek 等通用检索工具中还可检索到医学权威人士的主页、实验试剂使用方法、学术机构等信息。

1. 查找医学权威人士的主页

许多医学权威人士在 Internet 上建立了自己的个人主页，上面列有研究兴趣、已发表或待发表的论著、E-mail 地址等。有时还可以通过主页获得许多相关信息来扩大视野。例如，Bredt DS 是一氧化氮（NO）作为中枢神经系统递质的最早研究人之一，他主页上有关 NO 的内容不但全面、新颖，而且具有权威性，此外还列有详尽的综述、方法论、不同类型的专题介绍、科普读物等。因此，普遍检索引擎查找各学科权威人士的主页，不失为开拓思路，加强学术交流的好方法。

2. 查找实验试剂及其使用方法

在实验中常遇到这样的情况：所需要的试剂、药品不知去哪儿购买，或手头仅有试剂及公司的名称，却不知如何使用。这可以通过通用检索工具轻松得到解决。例如，检测细胞凋亡需用 ApopTag，但仅知道该试剂是 Oncor 公司的产品，其他一无所知。通过 Infoseek 就能在 Internet 上轻而易举地找到 Oncor 公司的主页，上面列有产品目录、具体操作步骤、注意事项、参考文献以及销售联系人、售后服务等，可立即取得联系。

3. 查找学术机构

由于出国、接待外宾及科研等需要，从 Internet 上可查到大学研究机构、实验室等详细情况。有位研究生在 Internet 网上找到 John Hopkins University school of Medicine 中一个实验室正在进行与他类似的研究，经常浏览这个实验室的网页，从中受到很大启迪，改变原来的课题设计，使后来的课题研究获得突破性进展。

(五) 脱机阅读网页内容

现在流行的浏览器均有脱机阅读功能，检索到相关文献信息时，尽量下载后再阅读整理，在课题设计中仔细对照分析。对于图像太多的网站和主页，可以关掉浏览器的图像显示功能，连接后阅读或下载。这样不仅可尽快查到所需的文献,也可大大减少上网时间,降低检索费用。由于网上提供的信息特别是医学的多媒体信息是多模式的,若需要完整地保存有用的主页,下载时可分别下载文字、图像、声音等信息,下载到硬盘或软盘后再利用主页编辑器重新建立该主页图像声音等超级链接路径即可再现该主页。

(六) 充分利用电子邮件

Internet 实现了全球通信,它使广大医疗、教学、科研人员的信息交流不再受到空间和地域的限制。网上大多数文献后都附有 E-mail 地址,读者阅读完文献后,即可通过 E-mail 发表观点,与对方进行学术交流。医生和医学科研人员可充分利用电子邮件方便、快捷、费用低廉的特点,向国内外著者索取原文和相关研究资料,可利用电子邮件投送稿件、会议论文。

(七) 参加网上电子论坛

加入网上自己专业或特定领域的专题讨论组是获得本专业或相关学科领域最新信息的一个非常直接而重要的手段。组内其他成员会不断地把最新信息和需要讨论的疑难问题发到组内各位成员。Web 界面的专题讨论组如 Deja News,其界面简捷,方便信息交流,即使不是专题组成员也可参加。

(八) 创建自己的 Web 页

通过浏览相关专业学术机构、权威人士的 Web 主页,可及时了解对方开展的学术研究,拓宽课题思路。创建本学术研究机构,甚至自己个人的 Web 主页,向世界展现本单位或个人的形象,发布自己的研究方向、内容和成果,让他人有机会与自己交流,提供建议,这无疑对自己科研设计和实验工作大有益处。

第四节　课题设计中利用网络资源实例

拟立题：苯并芘代谢产物 BPDE 致癌易感基因的克隆。
以下是本课题设计在网络上解决有关问题的部分上网实例。

一、目前国外本课题相关研究的状况如何？

检索 Medline 数据库：
　　进入网址 http://www.ncbi.nlm.nih.gov/PubMed/
　　　　　　　　　↓
　　　　　Search MEDLINE for

　　　　BPDE and "susceptibility gene"

　　Number of documents to display per page: 50

　　　　Entrez Date limit: 5 years
　　　　　　　　　↓
　　　Search Result: 7 citations found

Display Abstract report for the articles selected
　　　　　　　　　↓
　得到 7 篇有关文献的文摘、出处、作者等信息
　　　　　　　　　↓
Save the above reports in PC TEXT format
　　　　　　　　　↓
　将文件保存在硬盘中，以便脱机浏览或打印
　　　　　　　　　↓
　根据检索结果，在本校图书馆查阅有关文献全文，了解

本研究方向的国外进展。经阅读检出文献，进一步了解了虽经"BPDE+易感基因"检索式查出7篇文章，但实质上未涉及易感基因的克隆问题，本课题选题具有良好的创新性。

二、目前国内有无此方向的研究报道？

检索中国期刊网：

进入网址：http://www.cnki.net/
↓
点击中国期刊网的全文数据库
↓
登录后选择医药卫生专辑
↓
中文摘要 专项检索方式
易感基因 检索
选定1997,1998,1999查询时间范围
全选本专辑各学科数据库
↓
→ 结果：命中66篇文献 ─────┐
专项检索 中文摘要 BPDE 二次检索 │
后退 ← 结果没有符合检索条件的文章 ┘

专项检索 中文摘要 苯并芘 二次检索
↓
结果：没有符合检索条件的文章，
国内没有人做过该方面的研究

三、本课题一个关键性的实验内容：差异表达基因的分离和鉴别，拟采用一种最新的方法 cDNA-RDA（cDNA 示差分析技术），是否可行？目前此方法的应用情况如何？

　　检索 Medline 数据库，查阅原文：
　　进入网址：http://www.biomednet.com/db/medline/
↓

Search MEDLINE

cDNA-RDA Search

Restrict by field　　　　　　No. of hits　　Stemming

Full MEDLINE with MeSH　　　 50 　　　 ✓ use

Search from 1995 to 1999

Order results ⊙ by relevance ○ by date
↓

Search Result: Found 17 items matching one or more search terms
↓

在 10 个认为较有价值的题录前打"√"选定
↓

Download Selected

Choose a download format Reference Manager 8/7 ✓ Direct import
↓

将文件保存到磁盘脱机阅读

　　经查阅有关文献全文，了解到该实验技术要求的条件本实验室基本具备，所需的试剂也能从国外试剂公司的国内代理商处购得，课题设计选定此方法是可行的。

四、在上述检出的文献中，有一篇重要文章本单位及本地区其他有关单位图书馆均无此杂志，但该文章介绍的方法对本课题的实验设计可能有重要参考价值，如何得到这篇文章？

　　试查外地区馆藏消息：
　　进入华东地区西文生物医药期刊馆藏联合目录查询系统
　　　　http：//202.120.79.40/
　　　　　　　↓
　　　　　输入刊名全称
　　　　　　开始查询
　　　　　　　↓
　　　　出现需要的期刊名称
　　　　　　点击，链接
　　　　　　　↓
　　显示收藏有该期刊的单位：上海医科大学
　　　　　　　↓
　　发送 E‑mail：ill@shmu.edu.cn 索取原文

五、课题研究中将需检索 GenBank 数据库做克隆出的基因的序列分析，拟需要向 GenBank 递交数据资料的软件，能否得到此软件以确定该项课题设计？

　　寻求专业导航帮助：
　　　　进入分子生物学专业信息网
　　　　http：//bionet.fmmu.edu.cn/

↓

点击专业网络导航
打开专业网络资源

↓

点击著名分子生物学信息服务网站

↓

链接美国国立生物技术信息中心（NCBI）
进入 NCBI 网页

↓

点击 GenBank Sequence Database 栏目中的"Sequin"
打开"Sequin – A DNA Sequence Submission and Update Tool"

↓

点击 Download Sequin，即可通过匿名 FTP 获得该软件及相关的帮助文件。

由此可知，课题研究中需要的有关软件能从网上方便地得到，基因序列分析将可以完成，此项设计合理可行。

* 本章介绍的所有网址在此文脱稿时均为有效网址。

第九章 医学科研计划书及论文的格式与写法

第一节 医学科研计划书的格式和写法

科研计划（research project）、科研计划书（research protocol，科研计划的书面记录）应是研究者长期工作、学习、思考酝酿后制定、撰写出来的，而不是靠灵感、靠写作技能便一蹴而就。当然灵感和写作技能也很重要。了解科研计划书的要求，掌握撰写科研计划书的技能，可以帮助研究者理顺自己的思路，明确所要提出和解决的问题（科研课题 research problem）是什么、对该问题的假定答案（假说、假设 hypothesis）是什么、解决该问题将有什么意义（significance）、如何周密设计以获得真实可靠的结果和结论，还可以帮助研究者充分衡量从事该研究的主客观条件，做好可行性论证等等。当然，最主要的好处是通过写好一份计划书有可能获得科研基金的资助，没有基金科研难以开展。

下面是一份临床科研计划书写作提纲，其中各项都提出了一些具体内容要求，可供制定科研计划和撰写计划书或计划建议书的研究者、学生参考。

一、问题

推敲受检验的假设或问题,使其精炼并满足以下要求:
(1) 用一句话表述一个问题;
(2) 所提问题应能以带号码的措词(如有无临床意义或行政管理上的重要性)来回答;
(3) 对总体有所规定;
(4) 对暴露及干预(intervention)有所规定;
(5) 重要的终点用可定量的期限加以规定。

二、计划建议书提纲

(一) 导言

(1) 确定本研究目的是否在于鉴定有关保健措施的需要、效力(efficavy,功效)、有效性、效率或质量,如系保健措施的效率或质量研究,则其有效性和效力必须作为前提,有关这方面的论据必须指明;
(2) 说明为什么你所提出的想法是好的(指本研究科学构思的理论基础);
(3) 你对该领域最新成就的了解;
(4) 论证你知道你所要研究的假设以前已有人试图检验过;
(5) 指明你的想法对本研究人群以外有无影响(暗指有无推广意义)。

(二) 设计方法

例如,描述性研究、病例-对照、队列研究、随机临床试验。提出选择有关方法的正当理由。

(三) 样本说明

(主要问题——可重复性和可推广性)
(1) 规定目标总体;
(2) 规定样本如何选择,如随机选择,包含与排斥的判据;
(3) 人口统计学数据;
(4) 确定愿意参加者的比例;
(5) 样本大小的说明;
(6) 抽样偏倚的极小化。

(四) 实验策略的描述

(1) 详细说明实验中如何分配样本,如何避免密码被破译(指盲法所用密码)。
(2) 详细说明实验组与对照组如何区别以及干预来自何方:
——所用策略必须充分精确地加以规定以便他人可加以重复(要交代谁对谁做了什么?什么时候做?为什么和怎么样?);
——若研究包含一种技术革新或治疗策略或实施卫生保健的方法,则上述各项的详细规定将更为重要。
(3) 如果有必要的话,必须详细规定谁将是"盲"的。
(4) 详细说明如何避免伴随干预。
(5) 如需要的话,详细说明如何评定病人的依从性。
(6) 详细说明你在实施本策略时如何减少偏倚。

(五) 描述结果的测量

(1) 详细说明所要测量的结果属性;
——考虑下列各属性哪种需要测量:症状、死亡、机体功能、精神心理和社会功能。

（2）详细说明测量上述属性的方法、时间、工具和人员。

（3）详细说明为了保证获得下列资料而需做预试验的论据或计划：

——工具的可信性和灵敏性，问卷在属性中的改变，以及其他你认为有关的真实性评价；

——精密性；

——可行性。

（4）详细说明结果的评定是否需要盲法。

（5）详细说明有害作用如何发现。

（6）详细说明在各种测量中如何减少偏倚。

（六）样本数的调整

（1）对照组（非暴露组）最后预期结果的发生频率；

（2）各组病例的可能流失及其影响；

（3）计算中第一类和第二类误差；

（4）标准差等估计值的来源。

（七）资料收集与分析

（1）资料收集、记录（包括表格计划，如将适合资料输入计算机）；

（2）统计学方法的选择有理由；

（3）数据处理、核对及电子计算机使用的说明。

（八）试点研究预试验

如果需要，说明为了获得以下资料而进行的预试验：

（1）确定合格的受试者；

（2）估计样本大小；

（3）开展对结果的测量；

(4) 研究的可行性及研究方向、内容的最后确定。

(九) 时间表及研究人员的职责 (略)

(十) 伦理学

(1) 研究结果的推广是否对病人利多弊少；
(2) 病人是否在完全了解情况下表示同意；
(3) 是否具有必要的防护措施；
(4) 保密性。

(十一) 经费及经费的正当理由

(1) 人员；
(2) 资料处理费用 (如电子计算机)；
(3) 出差；
(4) 设备；
(5) 物质供应。

(十二) 附录

(1) 合作者表示同意的信件；
(2) 问卷或记录表格；
(3) 方法学的未发表资料。

科研计划或计划书的内容要求，实际上与科研论文类似。

科研计划建议书是专门定给有关基金会查核的，撰写方法与科研计划书基本相同。

第二节 医学科研论文的格式与写法

科学研究特别是实验性研究,其论文写作的格式一般如下:

(1) 题目(title);
(2) 作者名称(研究者姓名及单位);
(3) 摘要(abstract);
(4) 关键词(key words);
(5) 导言(序言 introduction);
(6) 材料与方法(materials and methods,临床研究论文也可改作"病例与方法"(patients and methods)或"临床资料及治疗方法");
(7) 结果(results,临床研究论文也可改作"疗效观察"或"典型病例");
(8) 讨论(discussion);
(9) 结论(conclusion)(现多已不用独立栏目);
(10) 小结(summary)(现已较少使用);
(11) 参考文献(references);
(12) 完成论文或投稿日期。

一般篇幅较小的论文,可将前言、材料与方法两项合并,讨论与结论合并,并免去摘要。有协作关系或得到有关单位基金支持帮助的,可以首面脚注项致谢。

报道罕见病例或新发现病例的论文,可按下列项目撰写:前言、病例报告(case report)、讨论、结论、参考文献。

介绍外科新术式的论文可按下列项目撰写:前言、外科解剖学、手术方法、术后护理、病例分析、讨论、小结、参考文献。

如果作者事先已订好周详的科研设计方案,那么撰写论文时就很方便:题目、作者、导言、材料与方法及文献各项只需扼要重述,另外加上经过整理的结果以及讨论就可以。

下面介绍论文各个项目的具体写法及一般写作中应防止的通病。

一、题目

论文的题目要求具体、简洁、鲜明、确切而具有特点。

具体就是不抽象,不笼统。例如,"中西医结合治疗肿瘤"作为一篇科研论文的题目就嫌太抽象、太笼统,而且没有特点,也不确切,读者无法从这个题目中得知论文中是哪种治疗方法,治哪种肿瘤,如果改成这样的题目:"放射加补中益气汤治疗鼻咽癌××例"就具体、确切得多,因为文章内容讲的是用这两种疗法治疗鼻咽癌,而不是用其他疗法治疗其他肿瘤。这样的题目不仅使读者对论文内容一目了然(鲜明),而且方便编制索引,便于日后查找(这个题目有3个具体明确的关键词:放射疗法、补中益气、鼻咽癌,是编制和查找索引的依据)。

论文题目要具有特点,指的是要突出论文中特别有独创性、有特色的内容。题目字数不应太长,太长就不鲜明、不简洁,不能引人注目;非长不可时可考虑用副标题的办法来解决;较大的题目则应分成若干个分题,每个分题材单独写一篇文章。

论文撰写在题目方面的通病是太大,与文中内容对不上号,或太笼统而没有特点。

二、作者

论文的署名,要能反映实际情况;研究工作主要由个别人设计完成的,署以个别人的姓名;主要由集体共同设计协作完成的,署以集体(如某某小组)名称;英语论文要求用三角符号标明负责人,以明责任,方便联系。应避免用个人名义发表集体科研成果,或相反。作者姓名(或单位名称)排列先后,一般意味着实际贡献的大小(如负责课题总体设计者贡献比参加具体执行者大),而不意味着学术威望的高低。

作者名称之前(或下方)应标明所在工作单位名称及地点,以方便读者咨询。

三、摘要

为了帮助读者浏览杂志文献时迅速了解本文的大意并决定有无必要全文阅读,每篇较长的论文均应在正文开始附一个全文内容的摘要。

科研论文的摘要是科研论文主要内容(包括研究目的、材料、方法、结果、结论)的简短、扼要而连贯的叙述。根据论文内容的多寡,摘要可长可短,一般不应超过200字(临床研究论文一般不超过400字)。不论字数多少,摘要一定要把论文本身新的、最具特色的东西(最独到之处)表达出来。摘要的具体写法,可参考要求较严格的期刊论著的"内容摘要"。

摘要写作中的通病是,摘而不"要",字数不少却没把文章的要点摘出来;或过于简略,读后不知所云。

必须强调的是,因为读者往往是根据摘要提供的信息决定是否阅读正文,摘要的撰写要特别注意交代:①研究新诊断方法的论文:新法是否与公认的"金标准"(如活检、尸检、外科探查、长期随访证实等等)进行独立的、"盲目"的比较;②研究某病临床经过及其预后的论文;有关病例是否在其最初起病时(病状体征出现时)就开始接受随访;③研究病因或因果关系的论文:所采用的统计设计方法(如随机试验、队列研究或病例-对照研究等等);④研究疗效的论文:病人的分组是否真正按随机原则;

⑤研究筛选计划的有效性（发现早期病例）的论文：计划的有效性（effectiveness）是否是随机试验；⑥研究医疗质量的论文：研究重点是否符合临床医生实际工作情况；⑦医疗保健的经济分析论文：医疗保健措施的有效性是否真实，所提的是什么经济学问题等等。

四、关键词

关键词（key word）也叫索引词（indexing word），主要为图书情报之作者编导索引，也为读者通过关键词索引可以找到你的论文。西医论文关键词可采用美国医学索引（index medicas）主题词（subject Headings）中的主题词，一般取论文题目重要的名词，或文内主要观测指标的名称。中医关键词可采用北京中医学院等编的《中医药主题词表》（北京科技出版社，1987年版）

五、导言

导言（或绪言、引言、序言）是放在论文正文最前面的一段短文，起纲领的作用。它应扼要地交代文章所述问题的来龙去脉，包括问题是怎样提出的、有什么依据（理论或实践根据），问题的性质如何、研究的目的（包括问题是怎么样提出的、有什么依据（理论或实践根据）），问题的性质如何，研究的目的（包括思路）、范围、历史、意义、方法及本文的重要研究和结论等等。

"导言"是为了给读者一点预备知识，并借此引起他阅读下去的兴趣，因此要特别注意精炼，开门见山而有吸引力。对研究历史回顾应避免烦琐。注意科研论文与文献综述不同，只能在导言中扼要介绍与本文关系密切的史料（研究生学位论文可另立一章"文献回顾"以显示该生阅读有关文献的深广度）。在一篇四五千字的科研论文中，导言一般只占五六百字。

来稿这部分的通病是：完全不交代有关科研课题的来龙去脉，或烦琐罗列一大堆与本文关系不大的文献材料。

六、材料与方法

对实验性研究来说，"材料"主要交代作者用什么具体实验对象（如人或动物的选择标准等等），用什么具体实验方法（包括所用仪器设备及规格、试剂、操作方法等等）来搜集材料和验证假说的。具体点说，这部分应明确交代实验对象（实验单位）的特征（包括人的年龄、性别、病情、动物种类、品种、性别、规格）、实验条件（包括实验环境、饲养条件等等）和观测指标，交代对象是否真正以随机抽样分组；是否有足够例数（或实验次数），对照比较组间条件是否相同或相似等等。实验方法（包括观测指标的观察记录方法）的描述要区别对待：作者创造的新方法要尽量详细具体，使读者可依样画葫芦、重复验证；文献已有报道的方法，简单提一下并用角码注明在文末附加文献出处即可，不要再占篇幅；对常规方法作者有所改进的，详细具体描述改进部分，其余以略（但也要注明原法的文献出处）。实验条件可变因素的控制方法（如放射免疫法的质量控制）要加以详细说明，以显示本文结果的可靠性和准确性。

对研究新诊断方法的论文，这部分要注意交代受试对象是否包括各类不同患者（病情轻、中、重，经过或未经过治疗，有无合并症或伴发病等），受试患者及时性对照者从何处搜集合理规定，该诊断方法如何具体进行使读者便于重复验证等等。

研究疾病临床经过及预后的论文，要特别注意交代：病例是否在其最初起病时（出现有关症状体征时）开始接受随访研究；病例转诊情况（指病例来自基层医院、地区医院或省、市级医院）；是否制定并使用观察疾病结果的客观标准，结果的评价是否采用"盲"法等等。

病因学研究论文，要明确交代所用研究设计方法（如临床随机试验、队列研究、病例-对照研究或病例分析，以便读者判定所用方法的论证强度；要交代是否在人身上做的实验，是否一开始就进行随机试验，是否做剂量-效应观察等等。

对临床疗效观察研究来说，为了让读者检验本文结果的真实性及有用性，主要交代清楚病例选择标准（包括诊断标准及分型标准），病例一般资料（包括年龄、性别、病情轻重或临床分型及例数，过去治疗史等等，使读者了解是否对他适用），随机分组情况（包括显示比较组间可比性的资料）等等。治疗方法如药物剂量、剂型、用法、疗程等要具体准确交代，使读者可从中了解你的治疗措施对他有无可行性。疗效观察项目（如症状特征及实验检查指标）及疗效标准（如痊愈、显效、好转、无效的标准）也应在此处交代清楚。

对评价筛检实验有效性的论文，要交代试验的有效性是否经过随机试验的检验；筛选出来的病例是否进行防治试验以评价该防治措施的效力或功效。要交代该筛选方法是否准确和切实可行。准确性要通过敏感度、特异性和预测值来表示。预测值与患病率（prevalence）有关，故患病率高低也应加以交代。还要交代该计划是否针对最需要检出病例的群体。

对评价医疗保健措施质量的论文要交代该研究对象是否符合临床医生的实际工作情况，研究对象（病例）是否从一开始出现症状体征时被随访观察，他们对医疗保健工作依从性如何，是否对各种结果作全面评价，临床医生、病人及设备条件的情况，对有关医疗保健工作本身的测量方法。

对经济分析的研究论文，要交代所提示的是什么经济学问题，对所研究分析（成本－效果分析）的对象（如所研究的某种医疗保健措施）的具体描述（包括其有效性是否真实）。

论文中的这一部分的常见毛病是以上各项交代不清楚或不必要地详细介绍文献上早有介绍的方法，或罗列与本文无关的"一般临床资料"；另外是所用衡量单位未用规范方法。

七、结果

这部分只要求如实、具体、准确地交代经审核查对后用统计学处理过的实验观察数据资料，而不要求把原始数据全部端出来。未经统计学处理的实验观察记录数字，叫做原始数据。统计学处理主要就是使原始数据从难以理解变为易于理解，并从原始数据的偶然性中提示隐藏在其中的某种必然规律。处理时，首先要通过分组将原始数据重新排列，制作频数表，然后算出均数或百分率以获得包含在原始数据中的信息；其次是用文字或统计图表将它们表示出来（其中各百分率间差异的意义要用显著性测验所得的 p 值来判定，各变量间的相互关系用相关与回归系数来表示）。

对新诊断方法研究论文，要特别注意交代试验结果是否与公认的"金标准"进行独立的"盲法"比较，其符合程序如何，其敏感性、特异性、阳性预值测、准确性、患病率各多少，观察者之间的差异或观察者不一致程度如何等等。对疾病临床经过及预后的研究论文，要特别交代是否对所有病例进行随访，随访率多高（一般应大于 80%）；对影响预后的外加因素（如接受过其他多种治疗）有无进行调整，结果如何等等。

对研究病因或因果关系的论文，应特别注意交代暴露与非暴露（对照）组结果的差异程度（差异大表示与假定的病因关系密切，小表示不密切），所得结果是否出现于暴露之后，是否有剂量-效应关系等等。

对临床疗效研究来说，要注意交代全部与临床有关的结果，例如，某药对冠心病患者有明显降低血清胆固醇的作用，但对该病患者的死亡率，则比对照还高，因此必须全部交代，不能报喜不报忧；另外还必须交代是否所有被研究的病例资料全都用来作出结论；再次，还应该把组间差异的统计学意义与临床意义区分开来。前者只不过是表达该差异由机遇单独造成的可能性的大小（可能性大即 p 值大，说明该差异由机遇引起的可能性大，即无统计学意义；反之亦然），是表示差异是否真实存在，而不表示差异的重要性；差异的临床意义则表示这种差异的重要性，即治疗组与对照组病人结果差异的重要性，例如，用药组死亡率 6.2‰，对照组高约 19%，这一差异虽没有统计学意义（$p > 0.05$，两组相差无显著性意义），但却很有临床意义，必须由此改变临床做法，对该药慎用或禁用。

对筛检试验有效性研究论文要特别交代筛选出来的病例施加治疗与不施加治疗的结果及其对家庭社会的影响如何。对临床工作质量研究论文，要分别交代统计学显著性（统计学意义）及临床意义，不能将两者混为一谈。对经济分析论文，还要交代是否存在偏倚及其大小。

结果部分的统计图表是为了帮助表达研究结果的内容，但很占篇幅，故凡能用少量文字说明的，最好不用或少用统计图表。统计表的制作要注意简明扼要（内容太多时不要堆在一个表，应分几个表来表示），附有标题，表的标目排列要合理，表内各小格不应附有单位名称（如%、例、只、mg 等等，如需要附单位名称，则应集中写在标目的小格中），表的左上角不用斜线，左右两边的纵线要省去。统计表不太适合表示相互关系，相互关系最好用曲线来表示。统计表一律要编号（序码数目使用数字，不用文字），并安插在文字叙述的附近。

插图是为了形象地表达内容，同样必须精选以省篇幅。插图要用墨汁绘制，但文字说明应用铅笔书写，以备编辑部改用铅印字体张帖后制片（比手写清晰、美观统一），画面要突出重点，线条精细轮廓大小要考虑制版时缩小尺寸的效果，多人绘制的图要尽可能做到风格一致。照片是某些疾病治疗效果的客观记录，要有治疗前后的比较，治疗前后拍摄环境的照片要求拍摄环境及技术条件保持一致。读者不易看懂的照片，可画上箭头标志或附简单线条图说明。估计印出来不太说明问题的照片（如某些X线胸片）一律不用。

典型病例要选用真正典型（有代表性）的。例如，说某药治某病有效，典型病例最好选单独使用该药治疗显效的病例，而不要选兼用其他可能也有效的药物的病例。

这部分写作中常见的毛病是：用庞杂的原始数据代替整理加工过的数据；或过于简单，与"材料和方法"的内容对不上号，没有互相呼应，或呼应不具体客观，如用"多见、少见"等不确切的措辞代替具体科学数字。

八、讨论

论文的这一部分主要是对实验观察结果（各种数据资料、各种现象、事实）作出实事求是的理论性的分析（为体现讨论的客观性，一般采用第三人称语气如："本文作者……"），具体包括：本实验观察结果的理论解释，如所得结果有何理论实践意义，能否证实有关假说的正确性，结果中有何内在联系（规律）等等；实验观察中发现预期以外事实现象的假定说明；与自己过去的或其他作者的结果及其理论解释的比较，分析异同及其可能原因，根据自己的或参考别人的材料提出自己的见解（见解若已知是别人早先提过的应予以注明,切不可掠人之美),实事求是地(有根据地)与其他作者进行商榷(要抱有虚心追求真理但又不是故作谦虚的态度),同时用一分为二的观点分析自己工作中的缺点、错误和教训;提出有关今后研究方向及本结果可能的推广应用的设想(这往往对读者的思路有所启发)等等。

必须强调的是,论文的讨论部分要对主要问题特别是本研究独到之处加以充分发挥;对次要问题不要多用笔墨以免冲淡主题;对与文献符合一致之处可一笔带过,讨论重点应放在与文献不一致之处。对本研究未能解决或有待解决的问题应明确提示。篇幅较大的讨论,应分项目编写,每个项目应集中论述一个中心内容,并冠以序码。中心内容应与正文各部分特别是结果部分相照应。

对某些特定论文,还要注意提供读者评价本文时所需的材料。例如,对新诊断方法的研究论文,要与其他有关诊断方法进行比较,说明新法有何优越性,还要交代是否经过长期随访以验证该法的实际效用等等;对病因学研究论文,要交代本文所得结果(有关与假定病因的关联)是否与他人用其他方法或在其他地点所得出的结果相一致。要交代上述关联是否有流行病学意义(即在流行病学上说得通,如克山病地区分布与硒缺乏的自然地理环境有联系,提出该病与硒缺乏有密切关联),是否有生物学意义(如克山病人心肌病变与缺硒动物心肌病变是否相似),是否专一,是否可与以往的病因学研究结果相类比(如空气污染诱发肺癌与以往烟囱工作诱发阴囊皮肤病相类比)等等。

这部分写作中的通病是:没有对实验观察结果进行上述应有的理论分析;或大量罗列与本结果关系不大的文献综述材料,下笔千言,离题万里。

九、结论

近年科研论文一般不再单列"结论"这一栏目，而与"讨论"合并，因为一次科研要得出很肯定的结论不容易。实验观察的结论是从实验观察的结果（感性认识材料）本身中抽象概括出来的一个判断（理性认识材料）。这个判断要回答原先建立的假说（如某新诊断方法比原有方法灵敏，某药对某病有效，其疗效可能通过某机制而产生等等）是否正确，从而对该研究所提出的问题作出解答（如"某法确比他法灵敏"，"某药对某病确有疗效"，"其疗效确系通过某机制而产生"等等，不能明确回答或没把握下肯定结论时不要勉强下结论，可改用"印象"代替，并使用诸如"看来、似乎、提示"等留有余地的字眼以代替"表明"、"证实"之类字眼）。

论文中这部分最常见的毛病有如下几种：以先后定因果的结论，从"多因一果"推出"唯一原因"的结论；从一种实验内容推出另一种实验内容的结论；把"新引进的因素"误作某现象原因的结论。

十、参考文献

论文的最后部分是本科研的工作所参考过的主要文献的目录，只须列出作者阅读参考过并确实对本项研究有较大帮助的文献，科研论文不是文献综述，不应该为了炫耀作者知识的渊博而罗列一大堆实际上没读过，或与本科研关系不大的文献清单。

一般写法是在正文引用文献处标注一个带阿拉伯数字的方括号的角码（写在最后一句话的右上角，如果整个句子的内容都出自该文献；否则角码应在句号之左方，或句中各引用材料所用逗号或分号的右上角），然后在正文末尾"参考文献"处按序码逐条列出文献条目。

参考文献条目的写法各个刊物编辑部都有不同的要求，下面是目前国际通用的文献著录的温哥华格式。中文书籍：作者姓名或名称．书名（卷、册）．出版地点：出版社名称，出版年份．页码。中文期刊：作者姓名或名称．题目．期刊名称，年份，卷数（期数）：起止页数。外文书籍：作者姓名．书名．版次．出版地点：出版社名称，年份．起止页数。外文期刊：同中文期刊。

参考文献目录的编写要十分认真，特别是刊名、年份和页数不能搞错，这是作者态度是否严肃的重要标志之一，定稿后一定要重新仔细核对一次。

论文末尾要写上投稿或修改日期，以便判明发表论文的先后。

以上是科研论文的一般格式和写法（在论文撰写前，最好参考准备投稿的杂志的"稿约"，因为不同的杂志有不同的格式要求、规定）。按这种格式写出的论文比较有条理，眉目清楚，方便读者根据自己不同需要择要阅读；缺点是可能比较机械，未能充分反映作者的思想。整个科研论文的格式也在逐渐演变。近年来我国有人曾试图创立科研论文新的写作风格，自觉运用唯物辩证法指导科研总结及撰写论文，有待继续实践和探索。希望不久的将来我们可以创造出一种既有国外优良传统，又有我国特色的新的论文写作方法和格式来。

参考文献

1　威廉·维尔斯曼著.教育研究方法导论.袁振国编译.北京：教育科学出版社，1997

2　David S, Moore. Statistics. New York：Concepts and Controversies WW. H Freeman and Company，1979

3　Satty A L. The Analytical Hierachy Process. Macgraw Hill Company，1980.47～78

4　[英] 奥斯丁·比著.简明医学统计学.施正信译.北京：人民卫生出版社，1983

5　方积乾等.医学统计学与电脑实验.上海：上海科学技术出版社，1997

6　倪宗瓒主编.医学统计学.北京：人民卫生出版社，1998

7　王心旺.灰色系统理论在社会医学科研中的应用.中国社会医学，1995，5：15～17

8　丁道芳等编著.医学科学研究基本方法.沈阳：辽宁科学技术出版社，1988

9　张季平主编.医学科研方法学.南京：江苏科学技术出版社，1992

10　钱宇平，吴系科，何尚浦等主编.流行病学进展.北京：人民卫生出版社，1986

11　洪明晃主编.临床科学研究设计、测量、评价.广州：中山大学出版社，1994

12　杨树勤主编.中国医学百科全书.医学统计学.上海：上海科学技术出版社，1985

13.吕嘉春，施侣元.Meta－analysis 及其在流行病学中的应用.中华流行病学杂志，1994，15（6）：363～367

14 张冠群,陈思东主编.流行病学.广州:广东高等教育出版社,1998

后 记

《医学科研设计》是为医学院校的研究生、本科生而编写的教材，也可作为住院医师培训的教材。

本书共分九章。第一章绪论由钟南山院士编写，介绍了医学科研设计的学科性质和进行医学研究的科学方法；第二、第三两章由王心旺博士编写，介绍了医学科研设计的目的、意义、内容、原则、样本含量确定、设计方案和常用量化分析方法；第四章由吕嘉春博士编写，介绍医学研究中的误差与控制方法；第五章由龙大宏博士编写，介绍了诊断试验设计中病例组与对照组的选择、诊断试验的常用指标和提高临床诊断效益的途径；第六章由陈耀勇博士和王心旺博士合作编写，介绍了临床试验设计的意义、特点、基本内容和设计方案；第七章由吕嘉春博士编写，介绍了专题性医学研究设计的主要类型、抽样方法及研究实例；第八章由蒋义国博士编写，介绍了Internet信息资源在医学科研设计中的应用；第九章由燕启江博士和龙大宏博士合作编写，介绍了医学科研计划书及论文的格式与写法。本书由曾广仁处长负责选题策划、组织及行政工作。

本书以编委会形式组织有关教师编写，主编和几位副主编在本书的策划、组织、确定写作提纲和初稿审校、补充等方面做了大量工作，各位编委都曾参加过研究生和本科生科研设计课程的教学工作，在编写过程中吸收了教学实践中的有益经验，增强了本书的教材功能。

本书的出版得到了广州医学院领导和中山大学出版社的大力支持，在此一并表示衷心感谢！

本书作为对医学科研设计问题的系统论述和方法总结，肯定还存在许多不成熟之处，热诚欢迎医学院校老师和阅读本书的同志们批评指正。

《医学科研设计》编委会

2005年5月